Fredo 4

Mathematik

D1704216

Allgemeine Ausgabe

Erarbeitet von

Mechtilde Balins

Rita Dürr

Nicole Franzen-Stephan

Petra Gerstner

Ute Plötzer

Anne Strothmann

Margot Torke

Lilo Verboom

Illustriert von

Cleo-Petra Kurze

Martina Theisen

Oldenbourg Schulbuchverlag, München

Inhaltsverzeichnis

Zahlen   Rechnen   Geometrie   Sachrechnen   Daten und Zufall

Kann das stimmen?

Kann das stimmen?

Ja, das kann stimmen, weil …

Nein, das kann nicht stimmen, weil …

Wähle mit einem Partner jeweils zwei Aufgaben aus. Überlegt gemeinsam.

Zeit vergeht

1 Du bist älter als 1 000 Tage.

Ein Jahr hat …

… 365 Tage.

… 52 Wochen.

2 Die Kindersendung „Hexe Klecks" läuft heute zum 1 000. Mal. Sie wird seit acht Jahren einmal in der Woche ausgestrahlt.

3 Deine Sommerferien dauerten länger als 1 000 Stunden.

Tausend Münzen

4 Eine Schlange aus tausend 1-€-Münzen ist länger als 10 m.

5 Du kannst einen Sack mit tausend 1-€-Münzen nicht tragen.

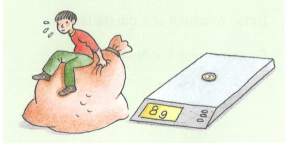

6 Ein Turm aus tausend 1-€-Münzen ist höher als 1 m.

1000 und weiter

1 Wie heißen die Zahlen?

a) Trage in eine Stellenwerttafel ein.

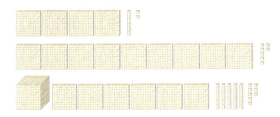

T	H	Z	E
	4	1	2	4	1	2

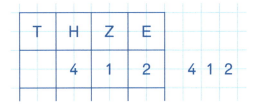

b) Ordne die Zahlen nach der Größe.

4 1 2 < _____ < _____

2 Schreibe als Zahl.

a) **eintausend**dreihundertzweiundsechzig
eintausenddreihundertsechzig
eintausenddreihundertzwei
eintausendzweiundsechzig
eintausendsechzig
eintausendzwei

Achte auf die Null!

b) **eintausend**fünfhundertelf
eintausendfünfundfünfzig
eintausendfünfhundert
eintausendeinundfünfzig
eintausendfünf
eintausendeinhundertfünfzig

3 a) Schreibe als Zahl.

| 2 H 2 Z 4 E | 2 Z 4 H | 7 Z 8 E 1 T | 1 E 1 T | 1 T 3 H 4 Z 5 E | 1 T 4 H 2 Z |

b) Ordne anschließend die Zahlen. Beginne mit der größten Zahl.

4 Schreibe in dein Heft und setze richtig ein: $>$, $<$, $=$

a) 1 404 ◯ 1 044
1 201 ◯ 1 102
1 106 ◯ 1 066

b) 1 000 + 300 ◯ 1 003
1 000 + 30 ◯ 1 300
1 000 + 33 ◯ 1 330

c) 1 000 + 51 ◯ 1 501
1 000 + 5 ◯ 1 050
1 000 + 500 ◯ 1 500

5 Zahlenrätsel

Die Zahl besteht aus den Ziffern 1, 3, 5, 7. Sie ist größer als 1 500, aber kleiner als 1 570.

Die Zahl besteht aus den Ziffern 0, 1, 2, 3. Sie ist die größtmögliche Zahl mit einer 1 an der Tausenderstelle.

Die Zahl ist die kleinste vierstellige Zahl mit vier gleichen Ziffern.

Die Zahl ist vierstellig. Die Ziffern 1 und 4 kommen jeweils zweimal vor. Die Zahl liegt zwischen 1 400 und 1 500 und ist ungerade.

Zahlen in der Stellenwerttafel

1 Jette legt die Zahl 712. Dann legt Justus ein Plättchen dazu.

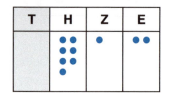 Beispiel:

Welche Zahlen können entstehen, wenn du ein Plättchen dazulegst? Finde alle Möglichkeiten.

a) 803   b) 1 765   c) 1 018   d) 1 505   e) 1 055   f) 1 550

2 Jette legt die Zahl 824. Jetzt nimmt Justus ein Plättchen weg.

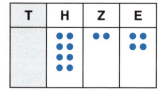 Beispiel:

Welche Zahlen können entstehen, wenn du ein Plättchen wegnimmst? Finde alle Möglichkeiten.

a) 618   b) 1 327   c) 1 066   d) 1 606   e) 1 016   f) 1 660

3 Lege die Zahl 1 322.

T	H	Z	E
•	••	••	••
	•		

a) Verschiebe ein Plättchen. Die Zahl soll größer werden.
  Schreibe alle Möglichkeiten auf. Beispiel:

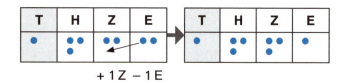

b) Verschiebe ein Plättchen. Die Zahl soll kleiner werden.
  Schreibe alle Möglichkeiten auf. Beispiel:

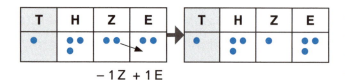

4 Ein Plättchen wurde bereits dazugelegt. Welche Zahlen könnten es gewesen sein? Schreibe alle Möglichkeiten auf.

a) 919   b) 1 909   c) 1 990   d) 1 009   e) 1 999   f) 109

6

Rechnen bis 2000

1 Rechne.

a) 50 + 40 b) 80 + 10 c) 90 − 60 d) 100 − 50 e) 90 − 30
   500 + 400   800 + 100   900 − 600   1 000 − 500   900 − 300

2 Rechne.

a) 40 + 30 b) 30 + 70 c) 70 − 20 d) 60 − 40 e) 80 − 50
   400 + 300   300 + 700   700 − 200   600 − 400   800 − 500
   1 400 + 300 1 300 + 700 1 700 − 200 1 600 − 400 1 800 − 500

f) Bilde selbst solche Aufgabenpäckchen.

3 Rechne.

a) 1 500 + 200 b) 1 600 + 300 c) 1 700 − 400 d) 1 900 − 600 e) 1 800 − 500
   1 500 + 230   1 600 + 370   1 700 − 450   1 900 − 690   1 800 − 540
   1 500 + 236   1 600 + 374   1 700 − 458   1 900 − 693   1 800 − 547

4 Rechne.

a) 36 + 42 b) 68 + 27 c) 89 − 45 d) 77 − 59
   136 + 42   168 + 27   189 − 45   177 − 59
   1 136 + 42 1 168 + 27 1 189 − 45 1 177 − 59

e) Bilde selbst solche Aufgabenpäckchen.

5 Bilde zehn schwierige Aufgaben mit dem Ergebnis 1860.

6 Rechne.

a) 2 · 7 b) 3 · 4 c) 3 · 5 d) 15 : 5 e) 16 : 4 f) 18 : 6
   2 · 70   30 · 4   3 · 50   150 : 5   160 : 4   180 : 6
   2 · 700 300 · 4 3 · 500   1 500 : 5 1 600 : 4 1 800 : 6

g) Bilde selbst solche Aufgabenpäckchen.

7 Bilde mit 3 Zahlen 4 Aufgaben.

a) | 5 | 70 | 350 | b) | 4 | 500 | 2 000 | c) | 1 800 | 900 | 2 |

Bilde zehn Aufgaben. Das Ergebnis soll zwischen 1 000 und 2 000 liegen.

1 Bildet wie Justus und Jette mit den Ziffernkarten Additionsaufgaben mit zwei dreistelligen Zahlen und einem dreistelligen Ergebnis. Ihr dürft jede Karte nur einmal verwenden. Eine Ziffernkarte bleibt übrig.

2 Setze die Ziffernkarten passend ein. Es gibt manchmal verschiedene Lösungen. Eine Ziffernkarte bleibt übrig.

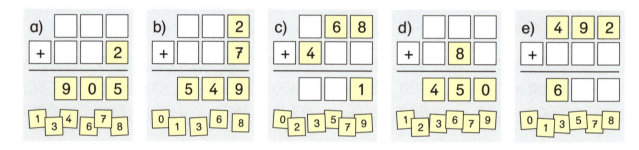

3 Schreibe stellengerecht untereinander und addiere.

a) 546 + 182   b)   95 + 475
   153 +   86   498 + 213
   687 + 395   806 +   98

4 Schreibe stellengerecht untereinander und addiere.

a) 403 + 628 +   65   b) 325 + 508 +   79
   361 +   43 + 125   69 + 284 + 376
   68 + 306 + 541   275 +   88 + 637

5 Im Kopf oder schriftlich?

a) 642 +   57   b) 524 + 378   c) 430 + 172 + 270   d)   98 + 102 + 350
   367 + 486   269 + 431   227 + 345 + 194   239 + 298 + 303
   299 + 501   649 + 178   165 + 199 + 301   145 +   99 + 301

6 Hier ist etwas durcheinandergeraten.
Vertausche zwei Ziffern so, dass die Ergebniszahl stimmt.

a)

	5	4	1
+	2	9	3
	7	8	0

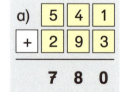

b)

	4	9	3
+	1	2	8
	5	6	7

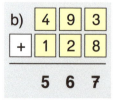

c)

	7	2	5
+	1	9	3
	4	6	8

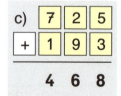

d)

	1	2	4
+	7	6	9
	8	0	3

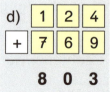

e)

	1	0	9
+	2	7	6
	1	1	7	7

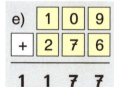

Lege mit deinen Ziffernkarten immer zwei dreistellige Zahlen und addiere sie.
Die Summe soll größer als 1 000 sein.

➡ Beilage zum Schülerbuch: Ziffernkarten

1 Schreibe stellengerecht untereinander und subtrahiere.

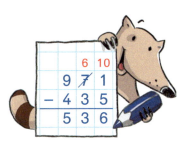

a) 971 − 435
784 − 362
627 − 283

b) 983 − 576
533 − 191
999 − 607

c) 762 − 239
435 − 174
508 − 326

2 Schreibe stellengerecht untereinander und subtrahiere.

a) 804 − 136
786 − 409
993 − 687

b) 665 − 382
402 − 294
554 − 107

c) 915 − 706
336 − 184
702 − 457

d) 629 − 292
406 − 164
834 − 503

3 Im Kopf oder schriftlich?

a) 732 − 621
526 − 389
201 − 199

b) 640 − 78
491 − 260
583 − 392

c) 785 − 593
809 − 499
1 000 − 724

d) 358 − 250
907 − 888
612 − 162

4 Bilde mit den Ziffernkarten von 0 bis 9 Subtraktionsaufgaben
mit zwei dreistelligen Zahlen und einem dreistelligen Ergebnis.
Du darfst jede Karte nur einmal verwenden.
Eine Ziffernkarte bleibt übrig.
Überprüfe die Ergebnisse mit der Umkehraufgabe.

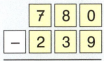

5 Setze die Ziffernkarten passend ein. Welche Ziffernkarte bleibt übrig?

a)

b)

c)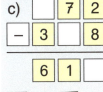

d)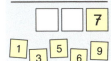

e)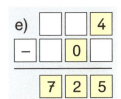

6 Hier ist etwas durcheinandergeraten.
Vertausche zwei Ziffern so, dass die Ergebniszahl stimmt.

a)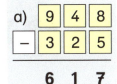

b)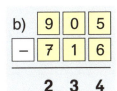

c)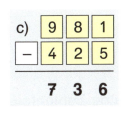

d) e)

Zahlenfolgen knacken

| 1 | 1 | 2 | 3 | 5 | 8 | 13 | | | |

Startzahlen   Zielzahl

die **Startzahl**
die **Zielzahl**
die **Regel**
addieren
die **Summe**

1 Wie heißen die nächsten drei Zahlen?
Wie hast du das herausgefunden? Erkläre.

1 + 1 = 2
1 + 2 = 3
...

Diese Zahlenfolge wird nach der
Fibonacci-Regel gebildet.
Fibonacci war ein italienischer
Mathematiker.

Leonardo von Pisa,
genannt „Fibonacci"

🔍 Fibonacci

2 Setze die Zahlenfolgen nach der Fibonacci-Regel
bis zur fünften Zahl fort.

a)
4	5			
5	7			
7	10			

b)
1	11			
10	5			
20	30			

3 Ergänze die Zahlenfolgen nach der Fibonacci-Regel.

a)
13	7			
12	8			
11	9			

b)
	10	15		
	9	16		
	8	17		

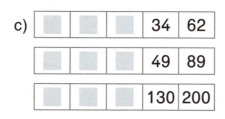

c)
			34	62
			49	89
			130	200

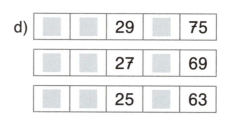

d)
		29		75
		27		69
		25		63

📕 Wähle zwei Startzahlen. Bilde Zahlenfolgen nach der Fibonacci-Regel.

4 Die erste Zahl wird immer um 1 größer, die zweite Zahl bleibt gleich.
Wie ändert sich die Zielzahl? Vermute zuerst.

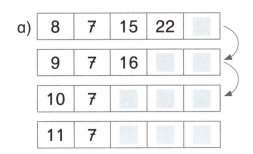

a)

8	7	15	22	
9	7	16		
10	7			
11	7			

b)

11	22			
12	22			
13	22			
14	22			

5 Erkläre, warum die Zielzahl bei Aufgabe 4 immer um … größer wird.

6 Die erste Zahl bleibt gleich, die zweite Zahl wird immer um 1 größer.
Wie verändert sich die Zielzahl? Vermute zuerst.

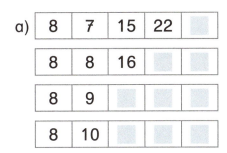

a)

8	7	15	22	
8	8	16		
8	9			
8	10			

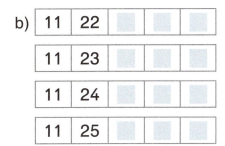

b)

11	22			
11	23			
11	24			
11	25			

7 Erkläre, warum die Zielzahl bei Aufgabe 6 immer um … größer wird.

8 Ergänze die Zahlenfolgen nach der Fibonacci-Regel. Probiere und überlege.

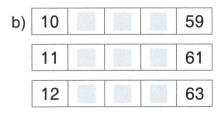

a)

7				44
7				47
7				50

b)

10				59
11				61
12				63

9 a) Finde möglichst viele Zahlenfolgen mit der Zielzahl 100.

				100

b) Vergleicht eure Lösungen und sortiert sie. Was fällt euch auf?

c) Sprecht in der Klasse darüber. Findet ihr jetzt noch weitere Lösungen?

Rechenketten

Jana: Ich addiere zu 54 die Zahl 6 und dividiere das Ergebnis durch 10.

Pia: Ich multipliziere 54 mit 6 und subtrahiere dann 10.

Nico: Ich subtrahiere von 54 die Zahl 6 und multipliziere das Ergebnis mit 10.

Emilio: Ich dividiere 54 durch 6 und addiere dann 10.

+ addieren zu
− subtrahieren von
· multiplizieren mit
: dividieren durch

1 Welche Rechenkette gehört zu welchem Kind? Schreibe auf und rechne.

a) 54 —·6→ ☐ —− 10→ ☐

b) 54 —+ 6→ ☐ —: 10→ ☐

c) 54 —− 6→ ☐ —· 10→ ☐

d) 54 —: 6→ ☐ —+ 10→ ☐

2 Schreibe als Rechenkette und rechne.

a) Multipliziere 30 mit 7 und subtrahiere dann 20.

b) Addiere zu 150 die Zahl 210 und dividiere das Ergebnis durch 6.

c) Dividiere 360 durch 9, addiere 50 und multipliziere das Ergebnis mit 3.

3 Schreibe als Rechenkette und rechne.

a) Dividiere 490 durch 7, multipliziere das Ergebnis mit 6 und addiere 250.

b) Multipliziere 50 mit 9, subtrahiere 90 und dividiere das Ergebnis durch 4.

c) Addiere zu 380 die Zahl 180, dividiere das Ergebnis durch 7 und multipliziere mit 4.

d) Subtrahiere von 92 die Zahl 42, multipliziere das Ergebnis mit 9 und addiere 275.

4 Beschreibe die Rechenkette wie die Kinder oben.

a) 81 —· 4→ ☐ —+ 306→ ☐

b) 275 —− 35→ ☐ —: 3→ ☐

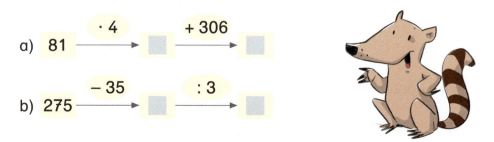

Zahlenrätsel

1 a) Was meint Justus? Erkläre.

    b) Löse die Aufgabe wie Justus.

2 Schreibe als Rechenkette und löse mithilfe der Umkehraufgaben.

    a) Ich denke mir eine Zahl und multipliziere sie mit 5, dann addiere ich 130 und erhalte 380.

    b) Ich denke mir eine Zahl und dividiere sie durch 7, dann subtrahiere ich 27 und erhalte 33.

3 Schreibe als Rechenkette und löse mithilfe der Umkehraufgaben.

    a) Ich denke mir eine Zahl und multipliziere sie mit 7, dann addiere ich 60 und dividiere durch 3 und erhalte 90.

    b) Wenn ich von meiner Zahl 350 subtrahiere, das Ergebnis verdopple und 270 addiere, erhalte ich 360.

    c) Wenn ich zu meiner Zahl 64 addiere, das Ergebnis durch 4 dividiere, dann mit 5 multipliziere, erhalte ich 400.

4 Schreibe als Rechenkette und löse mithilfe der Umkehraufgaben.

    a) Ich denke mir eine Zahl und multipliziere sie mit dem Doppelten von 200, dann verdopple ich das Ergebnis, subtrahiere davon das Fünffache von 60 und erhalte 500.

    b) Wenn ich von meiner Zahl die Hälfte von 700 subtrahiere, das Ergebnis durch das Sechsfache von 10 dividiere und zu diesem Ergebnis das Dreifache von 60 addiere, erhalte ich 190.

5 Finde Rechenketten mit diesen Zielzahlen und schreibe sie als Zahlenrätsel auf. Nutze immer verschiedene Rechenzeichen.

    a) 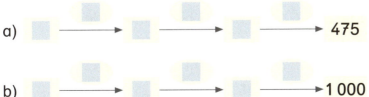 475

    b) 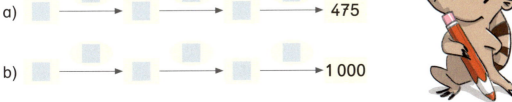 1 000

Erfinde eigene Zahlenrätsel.

Gleichungen

Die Differenz meiner Zahlen beträgt 324.
Die größere Zahl heißt 498.

Noemi

Wenn ich meine Zahl mit 8 multipliziere und dann 18 addiere, erhalte ich 498.

Lukas

die **Summe**
die **Differenz**
das **Produkt**
der **Quotient**

Die Summe meiner drei Zahlen beträgt 498.
Die erste Zahl heißt 324, die zweite Zahl 88.

Ali

Wenn ich den Quotienten von 480 und meiner Zahl berechne und dann 318 addiere, erhalte ich 324.

Lena

Bei einer Gleichung steht auf jeder Seite des Gleichheitszeichens der gleiche Wert.

$3 \cdot 70$ $300 - 90$

1 Welche Gleichung passt zu welchem Rätsel? Schreibe auf und rechne.

a) $324 + 88 + \boxed{} = 498$ b) $498 - \boxed{} = 324$

c) $480 : \boxed{} + 318 = 324$ d) $\boxed{} \cdot 8 + 18 = 498$

2 Löse die Gleichungen.

a) $5 \cdot 50 = 100 + \boxed{}$
$80 : 4 = 100 - \boxed{}$
$150 : 3 = 25 + \boxed{}$

b) $2 \cdot \boxed{} = 200 - 40$
$350 : \boxed{} = 2 \cdot 25$
$40 \cdot \boxed{} = 95 + 25$

c) $\boxed{} + 60 = 80 \cdot 3$
$\boxed{} - 15 = 45 : 9$
$\boxed{} \cdot 30 = 150 - 60$

3 Löse die Gleichungen.

a) $48 : 4 = 200 - \boxed{}$
$17 \cdot 3 = 25 + \boxed{}$
$180 + 60 = 3 \cdot \boxed{}$
$75 - 35 = 280 : \boxed{}$

b) $\boxed{} \cdot 30 = 550 - 280$
$\boxed{} : 90 = 3 \cdot 3$
$475 - \boxed{} = 7 \cdot 60$
$332 + 148 = \boxed{} \cdot 6$

c) $7 \cdot 17 = 135 \bigcirc 16$
$630 \bigcirc 70 = 327 - 318$
$247 \bigcirc 193 = 1000 - 560$
$16 \cdot 8 = 256 \bigcirc 2$

4 Schreibe als Gleichung und rechne.

a) Wenn ich aus meiner Zahl und 6 das Produkt bilde und dann 160 subtrahiere, erhalte ich den Quotienten aus 2 000 und 4.

b) Wenn ich zum Produkt aus 14 und meiner Zahl 438 addiere, erhalte ich die Summe aus 325 und 155.

📖 Schreibe eigene Zahlenrätsel wie Lukas, Noemi, Ali und Lena.

Ungleichungen

1 Schreibe in dein Heft und setze richtig ein: $>$ oder $<$?

a)
70 · 5 ◯ 470 − 100
90 · 4 ◯ 240 + 130
8 · 30 ◯ 7 · 40
480 : 8 ◯ 9 · 7

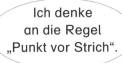

Ich denke an die Regel „Punkt vor Strich".

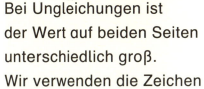

Bei Ungleichungen ist der Wert auf beiden Seiten unterschiedlich groß. Wir verwenden die Zeichen $>$ und $<$.

b)
70 + 6 · 30 ◯ 70 · 6 + 30
26 · 2 + 80 ◯ 26 + 2 · 80
440 : 2 + 8 ◯ 440 + 2 · 80
260 − 60 : 5 ◯ 260 : 2 + 5

2 Schreibe in dein Heft und setze richtig ein: $>$ oder $<$?

a) 70 · 7 ◯ 480   b) 90 · 4 ◯ 370   c) 640 : 8 ◯ 90   d) 60 · 3 ◯ 80 · 2
e) 80 · 2 ◯ 180   f) 7 · 40 ◯ 210   g) 420 : 6 ◯ 60   h) 40 · 4 ◯ 2 · 90

3 Schreibe in dein Heft und setze richtig ein: $>$, $<$, $=$. Was fällt dir auf?

a) 3 · 70 ◯ 350   b) 810 : 9 ◯ 80   c) 160 : 4 ◯ 70   d) 9 · 60 ◯ 360
   4 · 70 ◯ 350   720 : 9 ◯ 80   200 : 4 ◯ 70   8 · 60 ◯ 360
   5 · 70 ◯ 350   630 : 9 ◯ 80   240 : 4 ◯ 70   7 · 60 ◯ 360
   6 · 70 ◯ 350   540 : 9 ◯ 80   280 : 4 ◯ 70   6 · 60 ◯ 360

4 Welche Zahlen passen? Finde alle Möglichkeiten.

a) 228 + ▢ < 234   b) ▢ · 60 < 370
   123 − ▢ > 117   ▢ · 40 < 200
   874 + ▢ < 879   170 > 30 · ▢
   551 − ▢ > 546   380 > 70 · ▢

8	5	+	▢	<	9	1
Lösung:	0 ,	1 ,	2 ,	3 ,	4 ,	5

5 Welche Zahlen passen? Finde alle Möglichkeiten.

a) 90 + 90 < ▢ · 30 < 300   b) 1000 − 630 < ▢ · 70 < 700

c) 111 · 8 > ▢ · 90 > 999 − 333   d) 2 · 275 > 60 · ▢ > 175 + 25

6 Schreibe als Ungleichung und löse. Finde alle Möglichkeiten.

a) Meine gesuchten Zahlen sind kleiner als das Sechsfache von 60,
   aber größer als die Differenz von 777 und 427.

b) Meine gesuchten Zahlen sind größer als der neunte Teil von 540,
   aber kleiner als das Dreifache von 23.

nach
Robert Indiana

nach
Victor Vasarely

 1 Das Quadrat mit seinen Symmetrieachsen regte diese beiden Künstler zur Gestaltung eines achsensymmetrischen Bildes an. Erkennst du, an welchen Symmetrieachsen der jeweilige Künstler gespiegelt hat?

 2 Zeichne das jeweilige Quadrat mit den Symmetrieachsen in dein Heft. Übertrage die Figur und spiegle an den Achsen.

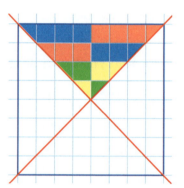

 3 a) Zeichne ein Quadrat mit einer senkrechten und waagerechten Symmetrieachse in dein Heft. Wähle ein Wort mit vier Buchstaben und spiegle es an den Achsen.

b) Zeichne ein Quadrat mit zwei diagonalen Symmetrieachsen und gestalte ein achsensymmetrisches Bild.

 4 Zeichne das Quadrat mit den Symmetrieachsen. Übertrage die Figur und spiegle sie an den Achsen.

5 Zeichne das Quadrat mit den Symmetrieachsen. Übertrage die Figur und spiegle sie an den Achsen.

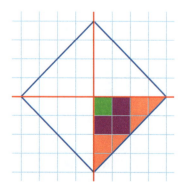

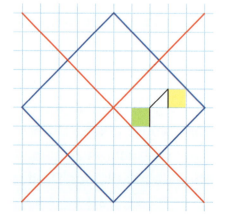

1 Jette faltet ihr Quadrat zweimal. Dann zeichnet und schneidet sie an der geschlossenen Ecke. Welche Figur entsteht, wenn Jette das Quadrat auseinanderfaltet? Vermute. Überprüfe mit Papier und Schere.

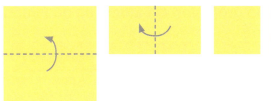

2 Justus faltet sein Quadrat auch zweimal. Er zeichnet und schneidet. Welche Figur entsteht, wenn Justus das Quadrat auseinanderfaltet? Vermute. Überprüfe mit Papier und Schere.

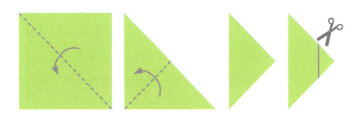

3 Stelle diese Faltschnitte her. Falte das Quadrat immer zweimal. Zeichne und schneide. Bevor du auseinanderfaltest, zeichne zuerst auf, welche Figur entsteht.

a)   b)   c)   d)   e)   f)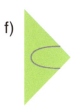

4 Stelle selbst Faltschnitte her. Falte das Quadrat immer zweimal. Zeichne und schneide. Bevor du auseinanderfaltest, vermute zuerst, welche Figur entsteht.

5 Es sollen diese Figuren entstehen. Wie faltest und schneidest du?

a)   b)  c)  d)

6 Übertrage ins Heft und spiegle an den Achsen.

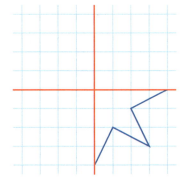 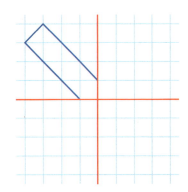 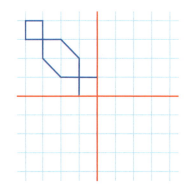

So groß sind die Mädchen und Jungen der Klasse 4a.

Name	Alter	Größe in cm
Marie	11	147
Sofie	10	142
Lena	10	153
Emine	10	129
Pia	10	137
Noemi	10	140
Jette	10	142
Irina	10	138
Olga	9	138
Kim	8	122
Jana	8	142

Name	Alter	Größe in cm
Ali	11	153
Lars	11	141
Lukas	10	137
Emilio	10	128
Justus	10	140
Tobi	10	152
Ole	10	138
Daniel	9	143
Olli	9	144
Paul	9	141
Jan	8	137

1 Beantworte die Fragen mithilfe der Tabelle.

a) Ist das älteste Mädchen auch das größte Mädchen?

b) Ist der kleinste Junge auch der jüngste Junge?

c) Sind Jungen im 4. Schuljahr immer größer als Mädchen?

2 Berechne die Größenunterschiede …

a) … zwischen Emine und Sofie.   b) … zwischen Pia und Lena.

c) … zwischen Emilio und Ali.   d) … zwischen Olli und Tobi.

3 Wie groß sind die Jungen und Mädchen in eurer Klasse?
Legt Tabellen an und notiert Alter und Körpergröße.

4 Die 10-jährigen Mädchen der Klasse 4a haben ihre Körpergrößen verglichen
und geordnet.

Ordne die 10-jährigen Jungen der Klasse 4a nach ihrer Körpergröße.
Welcher Junge ist in der Mitte? Wie groß ist er? Das ist der Mittelwert.

Durchschnittliche Körpergröße von Jungen und Mädchen

In einer Studie wurde die Entwicklung der Körpergröße von ca. 1000 Kindern untersucht. Die Ergebnisse kannst du in diesem Diagramm ablesen.

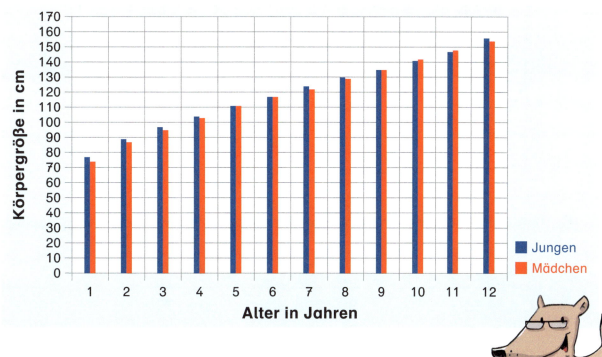

 5 Was kannst du aus dem Diagramm ablesen? Beschreibe.

6 Welche Aussagen sind richtig? Schreibe sie in dein Heft.

> 1 m = 100 cm
> 1,30 m = 1 m 30 cm

a) Jungen sind im Alter von 8 Jahren durchschnittlich 1,30 m groß.

b) Im Alter von 7 Jahren sind alle Jungen größer als die Mädchen.

c) Im Alter von 10 Jahren sind Mädchen durchschnittlich 1,42 m groß.

d) Kein 6-jähriges Mädchen ist größer als 1,20 m.

e) Im Alter von 10 Jahren sind die Mädchen im Durchschnitt größer als die Jungen.

f) Alle 11-jährigen Mädchen sind 1,49 m groß.

7 Formuliere weitere Aussagen, die du aus dem Diagramm entnehmen kannst.

Justus hat im Internet recherchiert.

So kann ich berechnen, wie groß ich ungefähr werde.

Körpergröße

30 · 6	300 · 5	9 · 73	35 · 5	4 · 68
2 · 25	6 · 87	2 · 376	4 · 22	3 · 278
3 · 20	27 · 8	47 · 7	15 · 4	60 · 7
76 · 4	4 · 300	6 · 11	200 · 6	8 · 12
21 · 5	6 · 82	8 · 46	178 · 5	4 · 120

1 Im Kopf oder halbschriftlich? Entscheide bei jeder Aufgabe, wie du rechnest.

2 a)
6 · 58 = ☐
___
6 · 50 = ☐
6 · 8 = ☐

☐ + ☐ = ☐

b)
3 · 236 = ☐
___
3 · 200 = ☐
3 · 30 = ☐
3 · 6 = ☐

☐ + ☐ + ☐ = ☐

c)
63 · 7 = ☐
___
60 · 7 = ☐
3 · 7 = ☐

☐ + ☐ = ☐

d)
147 · 4 = ☐
___
100 · 4 = ☐
40 · 4 = ☐
7 · 4 = ☐

☐ + ☐ + ☐ = ☐

3 Übertrage die Tabellen in dein Heft und rechne.

a)

·	30	7	37
4			
5			
6			

b)

·	80	3	83
4			
5			
6			

c)

·	☐	☐	48
4			
5			
6			

d)

·	5	6	7
60			
4			
64			

e)

·	5	6	7
70			
6			
76			

f)

·	5	6	7
☐			
☐			
59			

4 Bilde Multiplikationsaufgaben. Das Ergebnis soll …

a) … zwischen 400 und 500 liegen.

b) … größer als 700 und kleiner als 800 sein.

c) … 234 sein.

d) … 336 sein.

 5 Welche Aufgaben hat Jette gerechnet? Erkläre, wie sie gerechnet hat.

6 Rechne geschickt.

a)
6 · 69 =
___
6 · 70 =
6 · 1 =

☐ − ☐ =

b)
7 · 39 =
___
7 · 40 =
7 · 1 =

☐ − ☐ =

c)
4 · 89 =
___
4 · 90 =
4 · 1 =

☐ − ☐ =

d)
3 · 79 =
___
3 · ☐ =
3 · ☐ =

☐ − ☐ =

7 Rechne geschickt.

a) 4 · 19   b) 5 · 39   c) 3 · 59   d) 2 · 199   e) 3 · 299
    6 · 19   6 · 39   6 · 59   4 · 199   4 · 299

8 Rechne auf deinem Weg.

a) 3 · 154   b) 9 ·   96   c) 5 · 199   d) 2 · 299   e) 8 ·   73
f) 7 ·   75   g) 4 · 256   h) 2 · 284   i) 7 ·   69   j) 5 ·   39

 Vergleicht eure Rechenwege.

9 Kommt bei den Aufgaben jeweils dasselbe Ergebnis heraus? Vermute.

a) 5 · 37   3 · 57   b) 6 · 48   4 · 68   c) 9 · 26   2 · 96

Überprüfe. Was stellst du fest? Begründe.

10 Rechne geschickt.

a) 4 · 498   3 · 448   4 · 189   6 · 249   7 · 319

b) Finde fünf ähnliche Aufgaben.

Maßeinheiten

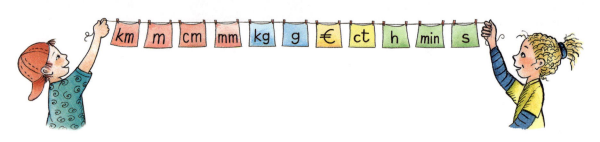

1 Wurden die Maßeinheiten richtig verwendet?
Begründe. Berichtige alle falschen Angaben.

a) Eine Tafel Schokolade wiegt 100 km.

b) Ali läuft die 100 Meter in 18 min.

c) Ein Eishockeyspiel dauert dreimal 20 h.

d) Eine Giraffe wiegt 750 g.   e) Ein Brot kostet 3 €.

f) Klara wiegt 32 kg.   g) Ein Tag hat 24 s.

h) Von München nach Hamburg sind es ungefähr 1 000 km.

i) Die Schule ist von Jettes Zuhause 300 cm entfernt.

j) Ein Fahrrad kostet 299 ct.   k) Justus ist 141 m groß.

l) Jette springt im Schwimmbad vom 3-mm-Turm.

2 Schreibe die Sätze ab und ergänze die richtige Maßeinheit.

a) Ein kleines Auto wiegt ungefähr 1 000 ▢.
b) Justus braucht 6 ▢, um das ABC aufzusagen.
c) Jette bekommt 12 ▢ Taschengeld im Monat.
d) Die Laufbahn um den Sportplatzes ist 400 ▢ lang.
e) Ein Brötchen kostet 40 ▢.
f) Eine Packung Nudeln wiegt 500 ▢.
g) Ein Grundschulkind braucht täglich etwa 10 ▢ Schlaf.
h) Ein Marienkäfer ist 7 ▢ groß.
i) Ein großes Lineal ist 30 ▢ lang.
j) In der Schule dauert eine Doppelstunde Sport 90 ▢.
k) Die Zugspitze, der höchste Berg in Deutschland, ist knapp 3 ▢ hoch.

Denke dir selbst Sätze wie bei Aufgabe 2 aus.

22

Eigene Rechengeschichten schreiben

1 Die Kinder der Klasse 4b haben Rechengeschichten geschrieben.
Kannst du alle lösen?

a) Timo trainiert zweimal in der Woche jeweils 90 Minuten
in einem Fußballverein. Jedes Wochenende ist ein Spiel.
Jede Halbzeit dauert 30 Minuten.
Wie viele Stunden spielt Timo im Monat ungefähr Fußball?

b) Marie kauft sich jede Woche eine
Pferdezeitschrift. Diese kostet 2,50 Euro.
Wie viel Geld gibt sie in einem Jahr
für die Zeitschriften aus?

c) Meik hört gerne Musik. Für einen Download
im Internet muss er 0,99 Euro bezahlen.
Wie viele Musikstücke kann er sich für
12 Euro herunterladen?

d) Klara geht einmal in der Woche ins
Schwimmbad. Dort schwimmt sie
12 Bahnen. Eine Bahn ist 25 Meter lang.
Wie viele Kilometer schwimmt Klara
in einem Jahr?

e) Pia ist eine Leseratte. Jede Woche leiht sie sich in der Bücherei
Bücher aus. Für diese Woche leiht sie sich „7 Freunde in Gefahr"
und „In 365 Tagen um die Welt" aus. In 7 Tagen hat sie beide Bücher
gelesen. Wie viele Seiten hat Pia ungefähr an einem Tag gelesen?

Hm?

 Denke dir selbst Rechengeschichten aus.

23

1

Fredo, Frida und Fips machen Urlaub im Waldhotel ZUR RUHE.
Fredo und Frida übernachten dort 8-mal.
Fips kann nur 6 Nächte bleiben.
Fredo und Fips frühstücken jeden Morgen,
Frida verschläft das Frühstück 4-mal.

a) Wie viel Euro muss jeder bezahlen?
b) Wie viel Euro müssen sie insgesamt bezahlen?

a)	Fredo:	8 Ü	8 · 1 7 € =
		8 F	8 ·
	Frida:		
	Fips:		

2

Fiffi, Flapsi, Flocki und Fee sind Freunde von Fips. Sie wollen
im Nachbarhotel WALDSCHLÖSSCHEN 4-mal
übernachten. Flapsi wird krank und verzichtet
immer auf das Frühstück. Fee reist einen Tag
eher ab, weil sie einen Termin beim Friseur hat.

Hotel
Waldschlösschen

Preise
1 Übernachtung   24,00 €
1 Frühstück   4,50 €

a) Wie viel Euro muss jeder bezahlen?
b) Wie viel Euro müssen sie insgesamt bezahlen?

 Schreibe selbst eine Rechengeschichte mit Fredo, Frida und Fips.

3

An einem Tag machen Fredo, Frida und Fips einen Ausflug
zum See. Sie radeln um 12.00 Uhr los. Nach 50 Minuten
machen sie eine Pause von 15 Minuten. Danach radeln sie
noch 35 Minuten, bis sie am See ankommen.

Wann kommen Fredo, Frida und Fips am See an?

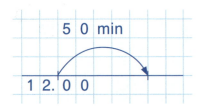

4

Fredo, Frida und Fips planen einen Radausflug zu einer 30 km entfernten Burg. Für 5 km brauchen sie etwa 20 Minuten. Für den Aufenthalt auf der Burg planen sie insgesamt 2 Stunden und 30 Minuten ein. Zum Abendessen möchten sie pünktlich um 18.00 Uhr wieder im Hotel sein.

Um wie viel Uhr müssen sie spätestens mit dem Ausflug starten?

5

An einem Abend möchten Fredo, Frida und Fips ins Katzenkonzert gehen. Die Konzertkarten kosten 125 Euro für alle Tiere zusammen.
Fredo hat 45 Euro im Geldbeutel. Frida hat ihr Geld an mehreren Orten versteckt. In der Flügeltasche sind 18 Euro, unter dem Kuschelkissen liegen 3 Euro und ein Bonbonpapier, in jedem ihrer Schuhe liegen 3,50 Euro.
Auch Fips muss sein Geld an mehreren Stellen zusammensuchen. Er hat im Hotelgarten an fünf verschiedenen Stellen jeweils 7 Euro verbuddelt.
In seinem Geldbeutel sind noch 19 Euro.

Reicht das Geld für die Karten?
Schreibe die Informationen heraus, die du zum Rechnen brauchst.

6

Am nächsten Abend gehen sie ins Affentheater.
Das Theater hat 20 Tier-Sitzplätze und 10 Tier-Hängeplätze für Fledermäuse.
Ein Sitzplatz kostet doppelt so viel Geld wie ein Hängeplatz.
Zusammen haben Fredo, Frida und Fips 40 Euro für die Karten bezahlt.

Wie viel Euro kostet ein Sitzplatz? Wie viel Euro kostet ein Hängeplatz? Überlege und probiere.

7

Fredo, Frida und Fips packen ihre Taschen.
Die Taschen wiegen zusammen 35 kg.
Fredos Tasche ist dreimal so schwer wie die Tasche von Frida und die Tasche von Fips.

Wie schwer ist jede Tasche? Überlege und probiere.

```
78 : 3 = 26          78 : 3 = 26          78 : 3 = 26
────────────                              ────────────
30 : 3 = 10          33 : 3 = 11          60 : 3 = 20
30 : 3 = 10          33 : 3 = 11          18 : 3 =  6
18 : 3 =  6          12 : 3 =  4
        Jette                 Noemi                Justus
```

$$78 : 3$$

```
78 : 3 =
70 : 3 =
        Olli
```

 1 Wie haben die Kinder die Aufgabe gelöst? Wie rechnest du? Warum fällt dir dieser Weg leicht? Warum hat Olli keine Lösung gefunden?

2 Rechne halbschriftlich.

a) 85 : 5 = b) 96 : 8 = c) 91 : 7 = d) 64 : 4 = e) 72 : 6 =

   50 : 5 =   80 : 8 =   70 : 7 =   40 : 4 =   : 6 =

   35 : 5 =   16 : 8 =   : 7 =   : 4 =   : 6 =

3 Rechne halbschriftlich auf deinem Weg.

a) 45 : 3   b) 52 : 4   c) 75 : 5   d) 84 : 6   e) 98 : 7   f) 96 : 8

   57 : 3   68 : 4   90 : 5   96 : 6   84 : 7   120 : 8

   72 : 3   96 : 4   65 : 5   78 : 6   91 : 7   104 : 8

4 Löse zuerst die markierte Aufgabe. Nutze sie zum Lösen der anderen beiden Aufgaben.

a) 87 : 3   b) 171 : 9   c) 114 : 6   d) 232 : 8   e) 345 : 5   f) 76 : 4

   90 : 3   180 : 9   120 : 6   240 : 8   350 : 5   80 : 4

   93 : 3   189 : 9   126 : 6   248 : 8   355 : 5   84 : 4

5 Setze die Aufgaben fort. Bei welchen Aufgaben entsteht ein Rest?

a) 120 : 3   b) 360 : 4   c) 150 : 5   d) 420 : 6

  121 : 3   361 : 4   151 : 5   …

  122 : 3   …   …

  …

Immer 6 Aufgaben!

Was fällt dir bei den Ergebnissen auf? Notiere.

6 Notiere fünf Zahlen …

a) … zwischen 300 und 400, die bei der Division durch 8 den Rest 5 ergeben.

b) … zwischen 100 und 200, die bei der Division durch 6 den Rest 4 ergeben.

6 4 2 : 3 = 2 1 4
3 0 0 : 3 = 1 0 0
3 0 0 : 3 = 1 0 0
30 : 3 = 1 0
1 2 : 3 = 4

Jette

$$642 : 3$$

6 4 2 : 3 = 2 1 4
6 3 0 : 3 = 2 1 0
1 2 : 3 = 4

Olli

6 4 2 : 3 = 2 1 4
6 0 0 : 3 = 2 0 0
30 : 3 = 1 0
1 2 : 3 = 4

Justus

6 4 2 : 3 = 2 1 4
6 0 0 : 3 = 2 0 0
3 3 : 3 = 1 1
9 : 3 = 3

Noemi

 7 Wie haben die Kinder gerechnet? Beschreibe.

8 Rechne halbschriftlich.

a) 840 : 7   b) 642 : 6   c) 520 : 4   d) 960 : 8   e) 545 : 5   f) 420 : 3

700 : 7   600 : 6   ⬚ : ⬚   ⬚ : ⬚   ⬚ : ⬚   ⬚ : ⬚

140 : 7   ⬚ : ⬚   ⬚ : ⬚   ⬚ : ⬚   ⬚ : ⬚   ⬚ : ⬚

9 Rechne halbschriftlich auf deinem Weg.

a) 968 : 8   b) 927 : 9   c) 246 : 2   d) 665 : 5   e) 640 : 4   f) 726 : 3

g) 896 : 8   h) 564 : 4   i) 650 : 5   j) 696 : 6   k) 765 : 3   l) 847 : 7

 Vergleicht eure Rechenwege.

10 Aufgaben mit Rest: Rechne.

a) 765 : 7   b) 413 : 2   c) 785 : 7   d) 632 : 3   e) 653 : 5   f) 545 : 2

g) 526 : 5   h) 838 : 4   i) 855 : 4   j) 337 : 3   k) 777 : 6   l) 962 : 8

11 Löse zuerst die markierte Aufgabe.

a) 495 : 5   b) 356 : 4   c) 712 : 8   d) 553 : 7   e) ⬚ : 6   f) ⬚ : 3

500 : 5   360 : 4   720 : 8   560 : 7   480 : 6   240 : 3

505 : 5   364 : 4   ⬚ : 8   ⬚ : 7   ⬚ : 6   ⬚ : 3

12 Aufgaben mit Rest: Rechne und notiere jeweils die nächstgrößere Zahl, die sich ohne Rest teilen lässt.

Notiere auch deinen Rechenweg.

a) 874 : 4   b) 789 : 6   c) 857 : 7

d) 992 : 9   e) 552 : 5   f) 962 : 8

675 : 4 = 168 R 3
676 : 4 = 169

1
1 **E**INER 1**E**

10
1 **Z**EHNER 1**Z**

10 000
1 **Z**EHN**T**AUSENDER 1**ZT**

100
1 **H**UNDERTER 1**H**

1 000
1 **T**AUSENDER 1**T**

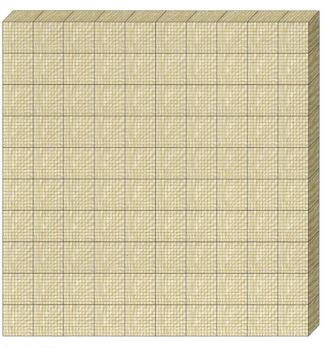

100 000
1 **H**UNDERT**T**AUSENDER 1**HT**

Wie viele
Einer-Würfel
sind es?

1 000 000
1 **M**ILLION 1**M**

Jette hat diese Zahl gelegt.

Justus hat diese Zahl gelegt.

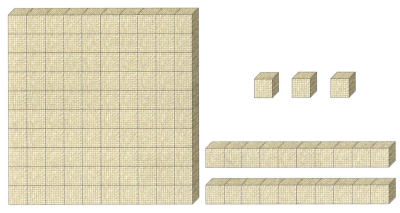

M	HT	ZT	T	H	Z	E	
				1	2	3	einhundertdreiundzwanzig
	1	2	3	0	0	0	einhundertdreiundzwanzig**tausend**

1 Justus und Jette haben diese Zahlen gelegt.
Trage sie in eine Stellenwerttafel ein.

a) 2 Hunderter-Platten
4 Zehner-Stangen
3 Einer-Würfel

2 Hundert**tausender**-Platten
4 Zehn**tausender**-Stangen
3 **Tausender**-Würfel

b) 3 Hunderter-Platten
5 Zehner-Stangen
7 Einer-Würfel

3 Hundert**tausender**-Platten
5 Zehn**tausender**-Stangen
7 **Tausender**-Würfel

c) 5 Hunderter-Platten
6 Zehner-Stangen
2 Einer-Würfel

5 Hundert**tausender**-Platten
6 Zehn**tausender**-Stangen
2 **Tausender**-Würfel

d) 4 Hunderter-Platten
5 Zehner-Stangen

4 Hundert**tausender**-Platten
5 Zehn**tausender**-Stangen

2 Übertrage in eine Stellenwerttafel.

a) fünfhundertzweiundsechzig   fünfhundertzweiundsechzig**tausend**

b) sechshundertachtunddreißig   sechshundertachtunddreißig**tausend**

c) achthundertzwölf   achthundertzwölf**tausend**

d) dreihundertneun   dreihundertneun**tausend**

M	HT	ZT	T	H	Z	E
	4	5	8	1	6	9

Nach der **Tausend** kommt die Sprechpause.

vierhundertachtundfünfzigtausendeinhundertneunundsechzig

$4\,HT + 5\,ZT + 8\,T + 1\,H + 6\,Z + 9\,E$

1 Lies die Zahl in der Stellenwerttafel. Zerlege.

	M	HT	ZT	T	H	Z	E
a)		5	8	9	1	2	4
b)		1	0	8	3	5	8
c)			3	7	5	8	7
d)		6	5	0	1	0	3

$5\ 8\ 9\ 1\ 2\ 4 = 5\,HT + 8\,ZT + \ldots$

2 Trage in eine Stellenwerttafel ein und lies die Zahl.

a) 6 HT   3 ZT   7 T   4 H   9 Z   2 E

b) 4 HT   0 ZT   5 T   3 H   8 Z   1 E

c) 5 HT   8 ZT   8 T   2 H   0 Z   0 E

d)   6 ZT   4 T   3 H   0 Z   5 E

Achtung! An manchen Stellen muss eine Null stehen!

3 Trage in eine Stellenwerttafel ein und lies die Zahl.

a) $6\,HT + 4\,ZT + 8\,T + 4\,H + 7\,E$ b) $3\,T + 8\,ZT + 9\,HT + 4\,Z + 3\,E$

c) $2\,Z + 6\,E + 4\,H + 5\,ZT + 8\,HT$ d) $5\,Z + 3\,E + 7\,HT + 8\,ZT$

4 Wie viele HT, ZT, T, H, Z, E hat die Zahl?

$3\ 8\ 9\ 4\ 8\ 7 = 3\,HT + 8\,ZT + 9\,T + 4\,H + 8\,Z + 7\,E$

a) 432 125   b) 12 756   c) 88 704   d) 756 084   e) 9 502   f) 20 745

g)   9 990   h) 38 036   i) 40 621   j) 123 456   k) 2 003   l) 15 400

5 Wie heißen die Zahlen?

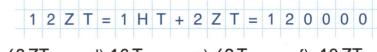

$1\ 2\ ZT = 1\,HT + 2\,ZT = 1\ 2\ 0\ 0\ 0\ 0$

a) 14 T   b) 25 ZT   c) 48 ZT   d) 16 T   e) 42 T   f) 19 ZT

6 Wie heißen die Zahlen?

a) $8\,HT + 19\,ZT + 5\,T$ b) $25\,ZT + 6\,T + 4\,H$ c) $3\,HT + 24\,ZT + 7\,T$

7 Wie heißen die Zahlen? Notiere.

M	HT	ZT	T	H	Z	E
a)	●●●	●	●●	●●●●		●●●●●
b)	●		●●●	●●	●●●●●	●●●
c)		●●	●●●●●	●	●●●	
d)	●●	●●	●●		●●	●●

8 Lege vier Plättchen in eine Stellenwerttafel.

a) Notiere möglichst viele verschiedene Zahlen.

b) Welches sind die drei größten Zahlen, die du legen kannst? Notiere.

c) Welches sind die drei kleinsten Zahlen, die du legen kannst? Notiere.

9 Meine Zahl hat doppelt so viele H wie E und halb so viele Z wie E.

Die Zahl hat 3 T, 6 ZT und 4 HT.

Ich brauche 20 Plättchen, um die Zahl zu legen. Wie heißt die Zahl?

10 Lege mit Plättchen die Zahl 123 in eine Stellenwerttafel.
Verschiebe **alle** Plättchen …

a) … um eine Stelle nach links.

b) … um zwei Stellen nach links.

c) … um drei Stellen nach links.

Wie heißen die Zahlen?

M	HT	ZT	T	H	Z	E
				●	●●	●●●

←

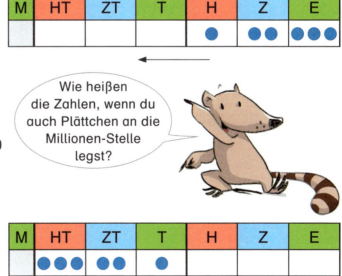

Wie heißen die Zahlen, wenn du auch Plättchen an die Millionen-Stelle legst?

11 Lege mit Plättchen die Zahl 321 000 in eine Stellenwerttafel.
Verschiebe **alle** Plättchen …

a) … um eine Stelle nach rechts.

b) … um zwei Stellen nach rechts.

c) … um drei Stellen nach rechts.

Wie heißen die Zahlen?

M	HT	ZT	T	H	Z	E
	●●●	●●	●			

→

12 Lege mit Plättchen die Zahl 213 321 in eine Stellenwerttafel.
Welche Zahlen kannst du erhalten, wenn du …

a) … ein Plättchen dazulegst?   b) … ein Plättchen wegnimmst?

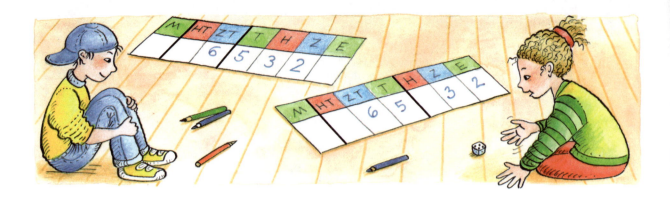

1 Spielt zu zweit das Spiel „Hohe Hausnummer".

Spielregeln:

M	HT	ZT	T	H	Z	E

1. Ein Kind beginnt mit dem Würfeln.
2. Beide tragen diese Würfelzahl in ihre Stellenwerttafel ein.
3. Wenn alle Stellen belegt sind, hat derjenige gewonnen, der die größere Zahl erreicht hat.

2 Auf dem Bild spielen Jette und Justus das Spiel „Hohe Hausnummer".
Jette hat eine 4 gewürfelt. Wo würdest du die 4 eintragen …

a) … an Justus' Stelle?   b) … an Jettes Stelle?

Begründe deine Entscheidung.

3 Ordne die Zahlen nach der Größe. Beginne mit der größten Zahl.

a)   34 568   8 487   145 687   12 765   148 950   32 546

b)   897 564   6 582   132 487   26 554   368 945   3 040

c)   38 946   380 995   3 874   13 537   579 612   389 469

4 Schreibe in dein Heft und vergleiche: $<$ oder $>$?

a) 465 296 ◯ 456 269   b) 213 557 ◯ 123 557   c) 732 586 ◯ 865 732
d) 699 826 ◯ 969 826   e) 845 551 ◯ 815 554   f) 212 465 ◯ 221 456

Finde in Zeitungen und Zeitschriften Informationen mit großen Zahlen
und schneide sie aus. Lege eine Tabelle an und klebe ein.

Zahlen unter 10 000	Zahlen zwischen 10 000 und 100 000	Zahlen zwischen 100 000 und 1 000 000	Zahlen über 1 000 000

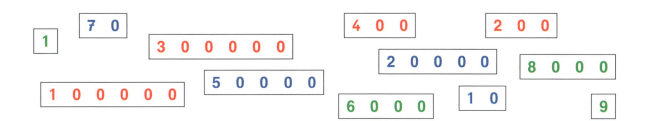

5 Legt mit den Zahlenkarten große Zahlen. Findet möglichst viele Zahlen. Lest sie euch laut vor.

6 Lege mit den Zahlenkarten. Schreibe als Additionsaufgabe.

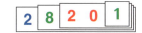

a) 28 201 = 20 000 + 8 000 + 200 + 1

a) 28 201   b) 326 010   c) 56 479   d) 106 490   e) 20 071

7 Schreibe als Additionsaufgabe wie bei Aufgabe 6.

a) 546 259   b) 726 554   c) 39 284   d) 104 569   e) 10 020   f) 7 658
g) 220 564   h) 125 008   i) 44 000   j) 666 060   k) 14 308   l) 5 470

8 Wie heißen die Zahlen? Notiere. Achte auf die Nullen!

a) 100 000 + 50 000 + 6 000 + 200 + 70 + 1
b) 500 000 + 60 000 + 5 000 + 300 + 2
c) 800 000 + 1 000 + 700 + 20 + 5
d) 300 000 + 20 000 + 500 + 50 + 6
e) 600 000 + 4 000 + 80 + 9

> Die Ziffer 0 soll auch mal vorkommen.

9 a) Jedes Kind notiert fünf Zahlen. Jede Zahl soll aus fünf oder sechs Ziffern bestehen.
b) Diktiert euch gegenseitig diese Zahlen.
c) Kontrolliert anschließend die Zahlen eures Partners.

10 Zahlenrätsel

a) Die Zahl hat doppelt so viele ZT wie HT und doppelt so viele Z wie ZT.
Sie hat keine E, H und T. Welche beiden Zahlen können es sein?
b) Meine Zahl liegt zwischen 500 000 und 600 000.
Sie hat doppelt so viele ZT wie H. Sie hat keine T, Z und E.
Welche vier Zahlen können es sein?
c) Denke dir selbst Zahlenrätsel aus. Gib sie einem Partner zum Lösen.

Mit großen Zahlen kann ich genauso einfach rechnen wie mit kleinen Zahlen.

1 Rechne.

a) $4\,T + 5\,T = 9\,T$
$4\,000 + 5\,000 = 9\,000$

b) $3\,ZT + 6\,ZT$
$30\,000 + 60\,000$

c) $2\,HT + 4\,HT$
$200\,000 + 400\,000$

2 Rechne.

a) $5\,000 + 3\,000$
$50\,000 + 30\,000$
$500\,000 + 300\,000$

b) $2\,000 + 6\,000$
$20\,000 + 60\,000$
$200\,000 + 600\,000$

c) $9\,000 - 7\,000$
$90\,000 - 70\,000$
$900\,000 - 700\,000$

3 Markiere in deinem Heft die Stelle, die sich im Ergebnis ändern wird. Rechne.

a) $200\,000 + 5$
$200\,000 + 50$
$200\,000 + 500$
$200\,000 + 5\,000$
$200\,000 + 50\,000$
$200\,000 + 500\,000$

b) $333\,333 + 2$
$333\,333 + 20$
$333\,333 + 200$
$333\,333 + 2\,000$
$333\,333 + 20\,000$
$333\,333 + 200\,000$

c) $555\,555 - 5$
$555\,555 - 50$
$555\,555 - 500$
$555\,555 - 5\,000$
$555\,555 - 50\,000$
$555\,555 - 500\,000$

d) Bilde mit diesen Startaufgaben weitere Päckchen.

$300\,000 + 4$ $444\,444 + 5$ $666\,666 - 3$ $777\,777 - 6$ $999\,999 - 4$

4 Markiere in deinem Heft die Stelle, die sich im Ergebnis ändern wird. Rechne.

a) $125\,400 + 3$
$125\,400 + 300$
$125\,400 + 30\,000$

b) $532\,450 + 4$
$532\,450 + 40$
$532\,450 + 400\,000$

c) $312\,641 + 50$
$312\,641 + 5\,000$
$312\,641 + 500\,000$

5 Markiere in deinem Heft die Stelle, die sich im Ergebnis ändern wird. Rechne.

a) $968\,700 - 400$
$968\,700 - 4\,000$
$968\,700 - 400\,000$

b) $859\,760 - 50$
$859\,760 - 50\,000$
$859\,760 - 500\,000$

c) $444\,444 - 3$
$444\,444 - 300$
$444\,444 - 3\,000$

6 Überlege, welche Stelle sich im Ergebnis geändert hat. Rechne.

a) $231\,500 + \boxed{} = 231\,800$
$231\,500 + \boxed{} = 234\,500$
$231\,500 + \boxed{} = 261\,500$

b) $567\,880 - \boxed{} = 567\,810$
$567\,880 - \boxed{} = 567\,180$
$567\,880 - \boxed{} = 560\,880$

Denke dir weitere Päckchen wie bei den Aufgaben 4, 5 und 6 aus.

Jeder darf fünfmal würfeln.
Wer erzielt die höchste Punktzahl?

	10 000 Punkte
	2 000 Punkte
	3 000 Punkte
	4 000 Punkte
	50 000 Punkte
	6 000 Punkte

Jette	Justus
10 000	50 000
16 000	52 000
66 000	56 000
116 000	66 000
118 000	

 1 Kann Justus das Spiel noch gewinnen? Erkläre.

 2 Spielt wie Justus und Jette.

3 Rechne.

a) 162 T + 5 T
162 000 + 5 000

b) 284 T + 4 T
284 000 + 4 000

c) 756 T + 3 T
756 000 + 3 000

d) 675 T + 2 T
675 000 + 2 000

e) 468 T − 5 T
468 000 − 5 000

f) 976 T − 3 T
976 000 − 3 000

g) 639 T − 7 T
639 000 − 7 000

h) 817 T − 6 T
817 000 − 6 000

4 Rechne.

a) 256 T + 4 T
256 000 + 4 000

b) 415 T + 6 T
415 000 + 6 000

c) 634 T + 8 T
634 000 + 8 000

d) 767 T + 8 T
767 000 + 8 000

e) 578 T − 8 T
578 000 − 8 000

f) 761 T − 2 T
761 000 − 2 000

g) 483 T − 5 T
483 000 − 5 000

h) 894 T − 7 T
894 000 − 7 000

5 Rechne.

a) 362 000 + 400
362 000 + 440
362 000 + 444

b) 124 800 + 800
124 800 + 880
124 800 + 888

c) 746 600 − 300
746 600 − 330
746 600 − 333

d) 655 700 − 600
655 700 − 660
655 700 − 666

6 Bilde Plusaufgaben. Das Ergebnis soll zwischen 180 000 und 250 000 liegen.

43 000   149 000   14 000

215 000

217 000

51 000   225 000   6 000

1 Ergänze.

a) $27\,500 + \boxed{} = 28\,000$

  $28\,000 + \boxed{} = 100\,000$

b) $58\,300 + \boxed{} = 59\,000$

  $59\,000 + \boxed{} = 100\,000$

c) $993\,400 + \boxed{} = 994\,000$

  $994\,000 + \boxed{} = 1\,000\,000$

d) $924\,600 + \boxed{} = 925\,000$

  $925\,000 + \boxed{} = 1\,000\,000$

2 Rechenhäuser

a)

100 000	
63 000	
84 000	
46 000	
33 000	

b)

1 000 000	
143 000	
496 000	
257 000	
641 000	

c)

100 000	
24 500	
59 200	
76 700	
37 400	

d)

1 000 000	
993 600	
924 800	
972 300	
964 400	

3 Berechne den Unterschied von Zahl zu Zahl. Was fällt dir auf?

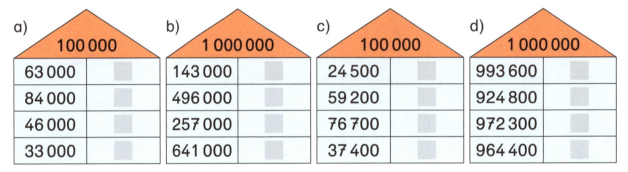

a) 700 00**1**
  700 0**1**0   9
  700 **1**00   90
  70**1** 000
  7**1**0 000

b) 400 00**6**
  400 0**6**0
  400 **6**00
  40**6** 000
  4**6**0 000

c) 900 00**9**
  900 0**9**0
  900 **9**00
  90**9** 000
  9**9**0 000

4 Rechne.

a) 768 500 − 400
  768 500 − 430
  768 500 − 433

b) 574 800 − 700
  574 800 − 770
  574 800 − 777

c) 343 600 − 500
  343 600 − 550
  343 600 − 555

d) 487 900 − 800
  487 900 − 880
  487 900 − 888

5 Rechne.

a) 1 000 − 800
  81 000 − 800
  681 000 − 800

b) 5 000 − 400
  35 000 − 400
  935 000 − 400

c) 7 000 − 600
  57 000 − 600
  357 000 − 600

6 Bilde mit diesen Ziffernkarten fünfstellige Zahlen   2 3 6 7 9
und subtrahiere sie von 100 000.
Das Ergebnis soll zwischen 20 000 und 30 000 liegen.

7 Rechne.

a)	b)	c)	d)	e)
8 + 6	15 + 8	66 − 7	73 − 4	85 − 8
708 + 6	715 + 8	966 − 7	673 − 4	485 − 8
9 008 + 6	4 915 + 8	5 866 − 7	2 973 − 4	6 785 − 8

8 Rechne.

a)	b)	c)	d)
329 + 7	478 + 40	763 − 6	524 − 30
2 329 + 7	5 478 + 40	3 763 − 6	6 524 − 30
62 329 + 7	25 478 + 40	43 763 − 6	76 524 − 30
462 329 + 7	725 478 + 40	543 763 − 6	976 524 − 30

9 Ergänze.

a)	b)	c)
769 + ☐ = 800	335 + ☐ = 400	259 + ☐ = 300
5 769 + ☐ = 5 800	6 335 + ☐ = 6 400	5 259 + ☐ = 5 300
15 769 + ☐ = 15 800	56 335 + ☐ = 56 400	75 259 + ☐ = 75 300

d)	e)	f)
658 + ☐ = 730	591 + ☐ = 680	297 + ☐ = 400
4 658 + ☐ = 4 730	5 591 + ☐ = 5 680	5 297 + ☐ = 5 400
94 658 + ☐ = 94 730	65 591 + ☐ = 65 680	35 297 + ☐ = 35 400

10 Rechne.

a)	b)	c)	d)
775 + 25	985 + 15	891 + 9	982 + 18
6 775 + 25	4 985 + 15	5 891 + 9	1 982 + 18
86 775 + 25	54 985 + 15	65 891 + 9	31 982 + 18

11 Rechne.

a)	b)	c)	d)
900 − 25	400 − 37	600 − 52	800 − 23
6 900 − 25	3 400 − 37	7 600 − 52	1 800 − 23
26 900 − 25	53 400 − 37	47 600 − 52	91 800 − 23

Bilde Rechenpäckchen wie bei Aufgabe 10 oder 11.

Wie viele Möglichkeiten?

1 Justus möchte ein Foto von Ali, Jana, Tobi und Pia machen. Die vier Freunde wollen nebeneinanderstehen. Findet alle Möglichkeiten.

das **Baumdiagramm**
die **Möglichkeit**
die **Reihenfolge**

2 Ali steht auf dem Foto ganz links. Wie können sich die anderen drei Freunde aufstellen? Vervollständige das Baumdiagramm.

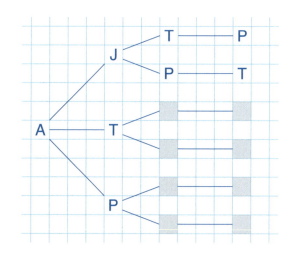

3 Jetzt steht Pia auf dem Foto ganz links. Was ändert sich an dem Baumdiagramm im Vergleich zu Aufgabe 2? Zeichne und vergleiche.

4 Wie viele Möglichkeiten gibt es, wenn fünf Freunde sich für ein Foto in einer Reihe aufstellen wollen?

5 Immer zwei Freunde sollen gemeinsam auf ein Foto. Wie viele verschiedene Fotos können entstehen? Notiere alle Möglichkeiten.

Ali, Jana	Ali, Tobi	Ali, Pia
Jana, Ali		

6 Bilde **vierstellige** Zahlen aus diesen Ziffern.
Wie gehst du vor? Wie viele Möglichkeiten gibt es?

7 Bilde **zweistellige** Zahlen aus diesen Ziffern. `2` `4` `6` `7`
Notiere alle Möglichkeiten.

Es gibt mehr Möglichkeiten.

Es gibt weniger Möglichkeiten.

8 Nimm die gleichen Ziffern wie bei Aufgabe 6.
Bilde jetzt **dreistellige** Zahlen.
Was vermutest du?
Notiere alle Möglichkeiten.

9 Bilde mit diesen Ziffern **dreistellige** Zahlen. `3` `5` `7` `7`
Wie viele Möglichkeiten gibt es? Notiere alle Möglichkeiten.

10 Du hast diese Ziffern: `3` `4` `5` `6` `7`
Wie viele **vierstellige** Zahlen kannst du damit bilden?

11 Was vermutest du: Wie viele Handschläge sind es?

Wenn jeder von uns jedem die Hand gibt, wie viele Handschläge sind das wohl?

Wie viele Handschläge sind es, wenn 2 (3, 4, 5, 6) Kinder einander die Hand geben?

12 Wie viele Handschläge sind es bei 10 (20) Kindern?

1 Welche Zahlen sind es?

Achtung! Jeder Zahlenstrahl ist anders unterteilt.

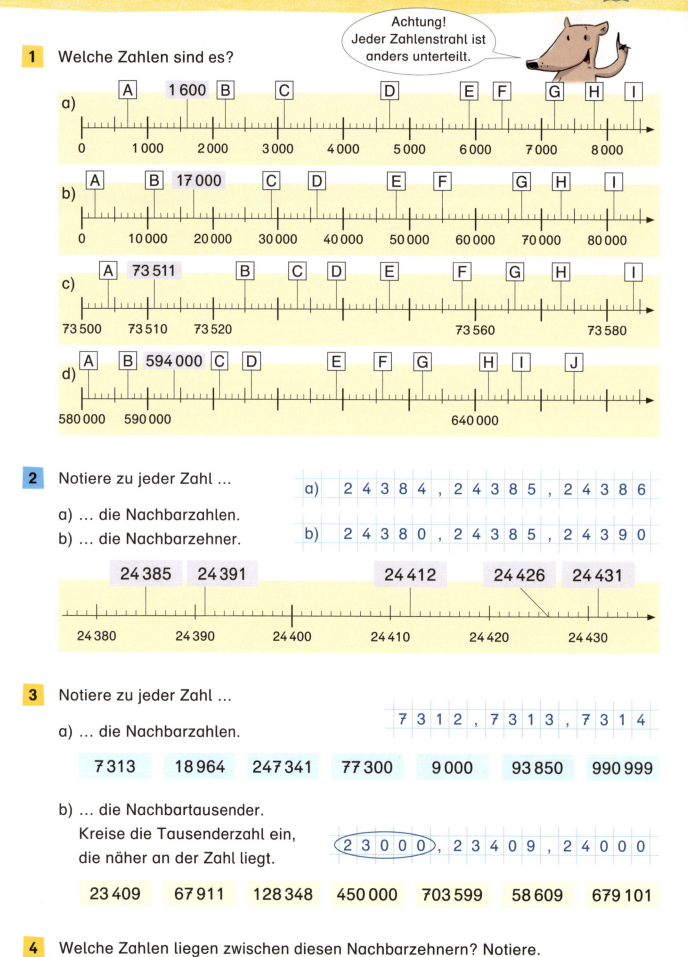

2 Notiere zu jeder Zahl ...

a) ... die Nachbarzahlen.

b) ... die Nachbarzehner.

a) 2 4 3 8 4 , 2 4 3 8 5 , 2 4 3 8 6

b) 2 4 3 8 0 , 2 4 3 8 5 , 2 4 3 9 0

24 385   24 391   24 412   24 426   24 431

3 Notiere zu jeder Zahl ...

a) ... die Nachbarzahlen.

7 3 1 2 , 7 3 1 3 , 7 3 1 4

7 313   18 964   247 341   77 300   9 000   93 850   990 999

b) ... die Nachbartausender.
Kreise die Tausenderzahl ein, die näher an der Zahl liegt.

2 3 0 0 0 , 2 3 4 0 9 , 2 4 0 0 0

23 409   67 911   128 348   450 000   703 599   58 609   679 101

4 Welche Zahlen liegen zwischen diesen Nachbarzehnern? Notiere.

a) 17 860 ... 17 870   b) 75 390 ... 75 400   c) 436 750 ... 436 760

5 Gleich weit weg:

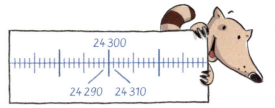

24 300

24 290   24 310

Finde selbst fünf Zahlenpaare, die von 24 300 gleich weit entfernt sind.

	2 4 3 0 0
2 4 2 9 0	2 4 3 1 0
2 4 2 9 9	2 4 3 0 1
2 4 2 5 0	...

📓 Wähle selbst eine Zahl und finde dazu Zahlenpaare, die gleich weit weg sind.

6 Wie heißt die Zahl in der Mitte?

a)
9 400   9 500

b)
84 300   84 700

c)
38 200   38 500

d)
145 000   147 000

e)
203 000   207 000

f)
665 000   670 000

7 Welche Zahl könnte es sein? Erkläre.

a)
72 000   72 800

b)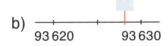
93 620   93 630

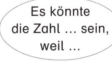
Es könnte die Zahl ... sein, weil ...

c)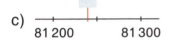
81 200   81 300

d)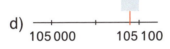
105 000   105 100

e)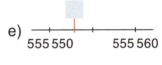
555 550   555 560

8 Rechne zu den Nachbarhundertern.

5 637	62 646	165 779
912 817	85 744	2 993

5 6 3 1 2 + 8 8 = 5 6 4 0 0

5 6 3 1 2 − 1 2 = 5 6 3 0 0

9 In Sprüngen vorwärts: Notiere zu jeder Startzahl die nächsten drei Zahlen.

a) Tausendersprünge: 38 000   478 000   297 000   689 000

b) Hundertersprünge: 81 900   286 600   702 500   913 700

10 In Sprüngen vorwärts und rückwärts: Notiere zu jeder Startzahl die nächsten fünf Zahlen.

a) Siebentausendersprünge vorwärts: 732 000   488 000   656 500

b) Vierhundertersprünge rückwärts: 63 500   978 200   712 100

1 a) Jette und Justus haben unterschiedliche Zahlen gefunden. Erkläre.

b) Was bedeutet die Angabe „rund 710 000 Menschen"?

c) Warum verwendet man gerundete Zahlen? Finde mehrere Erklärungen.

2 In Frankfurt lebten am 31.12.2014 genau
708 543 Menschen. Diese Zahl wurde im
Zeitungsartikel auf Zehntausender gerundet:

runden
genaue Anzahl
ungefähre Anzahl

708 543 ≈ 710 000

Das ist das Zeichen für ungefähr.

Runden auf Zehntausender

Bei **0, 1, 2, 3, 4** an der **Tausenderstelle**:   abrunden

Bei **5, 6, 7, 8, 9** an der **Tausenderstelle**:   aufrunden

Runde folgende Einwohnerzahlen auf Zehntausender. Schreibe in dein Heft
und unterstreiche immer zuerst die entscheidende Tausenderziffer:

a) Stuttgart: 5 9 6 1 7 0 ≈

a) Stuttgart: 596 170
b) Düsseldorf: 603 210
c) München: 1 505 589
d) Mainz: 210 568
e) Hannover: 523 642
f) Erfurt: 206 380
g) Bremen: 551 767
h) Magdeburg: 232 305
i) Dresden: 541 304

3 Berlin hat rund 3 560 000 Einwohner.
Finde mindestens drei Zahlenbeispiele, wie viele Einwohner es genau sein könnten.

4 Wie viele Einwohner haben diese Städte mindestens/höchstens?

Stadt	Einwohnerzahl gerundet	Einwohnerzahl höchstens	Einwohnerzahl mindestens
Mannheim	310 000		
Nürnberg	520 000		
Rostock	200 000		

5 Jette hat die gerundete Einwohnerzahl von Frankfurt in einem Schaubild dargestellt.

Frankfurt:

a) Was bedeuten die kleinen und die großen Männchen?

b) Wie viele Einwohner haben diese Städte ungefähr?

Potsdam:

Bielefeld:

c) Wähle von Aufgabe 2 fünf Städte aus und zeichne zur gerundeten Einwohnerzahl jeweils ein Schaubild wie Jette.

Wie könnte ein Schaubild für München aussehen?

6 Justus hat ein Säulendiagramm zur Einwohnerzahl von Stuttgart gezeichnet.

a) Was bedeutet eine Kästchenhöhe?

b) Auf welche Stelle hat er die Einwohnerzahl gerundet?

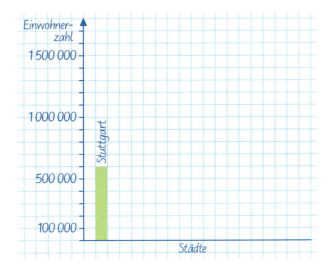

Beim Runden auf Hunderttausender musst du dir die Zehntausenderstelle anschauen.

c) Runde die Einwohnerzahlen von Aufgabe 2 auf Hunderttausender.

Beispiel: *Stuttgart: 596 170 ≈ 600 000*

d) Übertrage das Schaubild von Justus in dein Heft.

Ergänze es mit den gerundeten Einwohnerzahlen von Aufgabe 2.

 Recherchiere im Internet Einwohnerzahlen von europäischen Hauptstädten und erstelle ein Schaubild. 🔍 Einwohnerzahl Hauptstädte Europa

7 Sammelt Daten zu eurem Ort oder eurer Schule und stellt sie in einem Schaubild dar.

Einwohnerzahlen

Schülerzahlen

...

1 Wie hat Fredo gerechnet?
Erkläre.

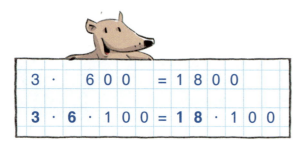

| 3 · | 6 0 0 | = 1 8 0 0 |
| 3 · 6 · | 1 0 0 | = 1 8 · 1 0 0 |

2 Multipliziere.

a) 4 · 6
   4 · 60
   4 · 600
   4 · 6000
   4 · 60000

b) 8 · 7
   8 · 70
   8 · 700
   8 · 7000
   8 · 70000

c) Bilde mit diesen Startaufgaben weitere Päckchen.

5 · 8   7 · 2   9 · 4   6 · 6

3 Rechne.

a) 3 · ▢ = 15
   3 · ▢ = 150
   3 · ▢ = 1500
   3 · ▢ = 15000

b) 2 · ▢ = 12
   2 · ▢ = 120
   2 · ▢ = 1200
   2 · ▢ = 12000

c) 7 · ▢ = 21
   7 · ▢ = 210
   7 · ▢ = 2100
   7 · ▢ = 21000

4 Multipliziere.

| 500 · 900 | = 450000 |
| 5 · 100 · 9 · 100 | = 45 · 100 · 100 |

| 30 · 8000 | = 240000 |
| 3 · 10 · 8 · 1000 | = 24 · 10 · 1000 |

a) 60 · 40
   50 · 70

b) 300 · 800
   200 · 900

c) 70 · 600
   90 · 300

d) 40 · 3000
   80 · 1000

5 Rechne.

a) 4 · 4
   40 · 40
   400 · 400

b) 3 · 9
   30 · 90
   300 · 900

c) 8 · 5
   80 · 50
   800 · 500

Ich zähle die Nullen in der Aufgabe, dann weiß ich, wie viele Nullen das Ergebnis hat.

Und wie ist das bei Aufgabe 5c?

6 Rechne und vergleiche. Was fällt dir auf?

a) 80 · 3   8 · 30
   80 · 30   80 · 30
   80 · 300   800 · 30
   80 · 3000 8000 · 30

b) 50 · 9   5 · 90
   50 · 90   50 · 90
   50 · 900   500 · 90
   50 · 9000 5000 · 90

c) 60 · 5   6 · 50
   60 · 50   60 · 50
   60 · 500   600 · 50
   60 · 5000 6000 · 50

7 Übertrage die Rechenhäuser in dein Heft. Finde zur Dachzahl passende Multiplikationsaufgaben.

a)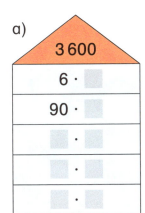
3 600
6 · ▢
90 · ▢
▢ · ▢
▢ · ▢
▢ · ▢

b)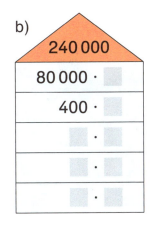
240 000
80 000 · ▢
400 · ▢
▢ · ▢
▢ · ▢
▢ · ▢

c)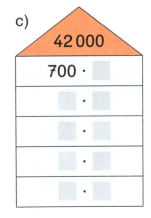
42 000
700 · ▢
▢ · ▢
▢ · ▢
▢ · ▢
▢ · ▢

d)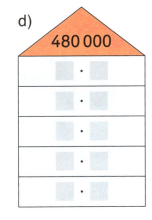
480 000
▢ · ▢
▢ · ▢
▢ · ▢
▢ · ▢
▢ · ▢

8 Dividiere. Was fällt dir auf?

a) 45 : 5
450 : 5
4 500 : 5
45 000 : 5
450 000 : 5

b) 20 : 4
200 : 4
2 000 : 4
20 000 : 4
200 000 : 4

9 Dividiere. Was fällt dir auf?

a) 42 : 7
420 : 70
4 200 : 700
42 000 : 7 000
420 000 : 70 000

b) 48 : 8
480 : 80
4 800 : 800
48 000 : 8 000
480 000 : 80 000

10 Löse mithilfe der Umkehraufgabe.

a) 3 200 : 8 = ▢
   ▢ · 8 = 3 200

b) 630 000 : 70 = ▢
   ▢ · 70 = 630 000

c) 54 000 : 600 = ▢
   ▢ · 600 = 54 000

d) 240 000 : 2 000 = ▢
   ▢ · 2 000 = 240 000

e) 35 000 : 50 = ▢
   ▢ · 50 = 35 000

f) 7 200 : 90 = ▢
   ▢ · 90 = 7 200

Bilde Divisionsaufgaben ohne Rest.

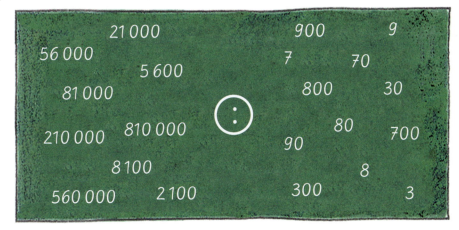

21 000   900   9
56 000   7   70
5 600
81 000   800   30
810 000   : :   80   700
210 000   90
8 100   8
560 000   2 100   300   3

 1 Wie viele Schokolinsen sind es ungefähr?
Vermute.

schätzen
genaue Anzahl
geschätzte Anzahl

2 Überprüfe deine Vermutung.
Finde eine Möglichkeit, die Anzahl
ungefähr zu ermitteln.

 Eine Anzahl
ungefähr ermitteln
nennt man in der
Mathematik
schätzen.

Suche in Zeitschriften oder im Internet nach Bildern, auf denen große Mengen
abgebildet sind. Ermittle die ungefähre Anzahl.

 Pflastersteine    Menschenmenge   Schafherde   Fischschwarm

3 a) Überlege, wie du durch Schätzen herausfinden kannst, wie viele Linsen, Nudeln, Bohnen und Reiskörner in einer Packung ungefähr enthalten sind.

b) Dies können geeignete Hilfsmittel zum Schätzen sein.
Wie wird mit diesen Hilfsmitteln gearbeitet? Erkläre.

   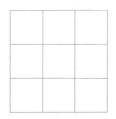

c) Überlege, welches Hilfsmittel für welches Lebensmittel zum Schätzen geeignet ist.

 d) Wählt eine Lebensmittelpackung aus und findet durch Schätzen die ungefähre Anzahl der Linsen, Nudeln, Bohnen oder Reiskörner heraus.

4  Jana greift siebenmal in die Tüte, dann ist die Tüte leer.
Wie viele Bonbons sind ungefähr in der Tüte?

5  Lars hat auf seinem Teelöffel 101 Buchstabennudeln gezählt.
In eine Packung passen 68 Teelöffel Buchstabennudeln.
Wie viele Buchstabennudeln sind ungefähr in der Packung?

6  Tom wiegt 10 g Maiskörner aus und zählt 83 Maiskörner.
Wie viele Maiskörner sind ungefähr in einer 500-g-Packung?

1 Vermute: Welche beiden Figuren haben den gleichen Flächeninhalt? Bestimme jeweils den Flächeninhalt.

Ein Zentimeterquadrat hat die Seitenlänge 1 cm. Mit dem Zentimeterquadrat kann ich die Größe einer Fläche bestimmen.

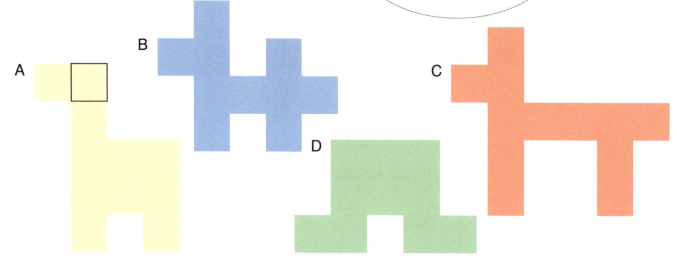

A   B   C   D

2 Wie groß sind die Flächen? Gib die Größe in Zentimeterquadraten an. Wie bist du vorgegangen?

A   B   C

3 Bestimme den Flächeninhalt.

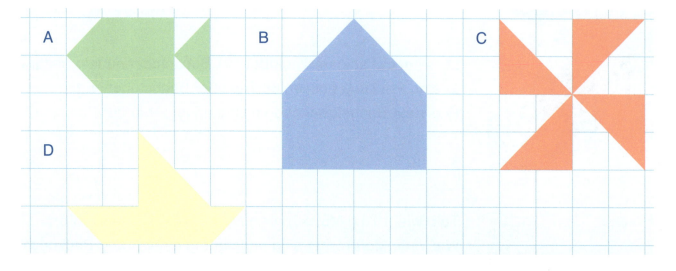

A   B   C   D

4 Zeichne zwei verschiedene Flächen mit gleichem Flächeninhalt auf Karopapier.

5 Der Umfang dieser Figur ist 18 cm. Erkläre.

Die Länge des Randes einer Figur ist der Umfang.

6 Bestimme den Umfang der Figuren. Schreibe in dein Heft.

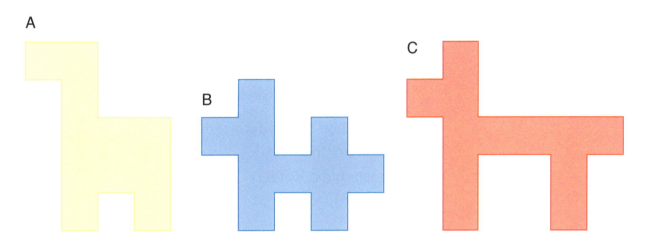

A

B

C

7 Bestimme den Umfang der Flächen. Schreibe in dein Heft.
Bei welchen Flächen ist der Umfang gleich groß?

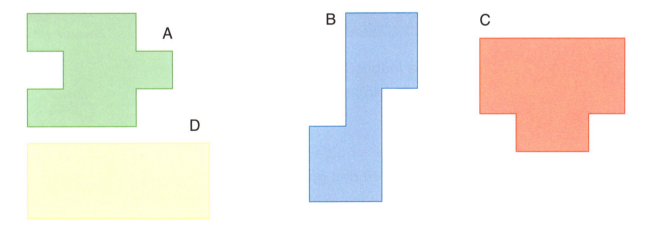

A

B

C

D

8 Zeichne Rechtecke mit den Seitenlängen ...

a) ... 3 cm und 7 cm.   b) ... 10 cm und 1 cm.   c) ... 5 cm und 6 cm.

Bestimme jeweils den Umfang.

9 Der Umfang eines Rechtecks ist 26 cm. Eine Seite ist 5 cm lang.
Wie lang sind die anderen Seiten?

Die Klasse von Jette und Justus zeichnet Pläne
für ein neues Blumenbeet im Schulgarten.
Das Beet soll 12 Meterquadrate groß werden.

Jette und Justus planen das Beet so:

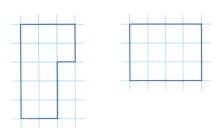

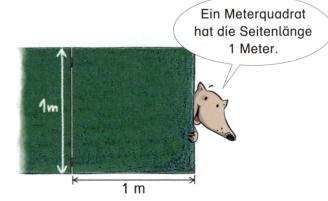

> Ein Meterquadrat hat die Seitenlänge 1 Meter.

1m   1 m

 1   a) Wie könnte das Beet noch aussehen?
Finde weitere Möglichkeiten und zeichne sie auf.

    b) Die Beete sollen mit Zaunteilen umrandet werden.
Die Zaunteile sind jeweils 1 m lang.
Wie viele Zaunteile brauchen die Kinder
für die jeweiligen Beete?

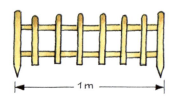

1 m

    c) Das Geld der Klassenkasse reicht nur für 16 Zaunteile.
Welche Beetformen können verwendet werden? Zeichne sie auf.

2   Die 3. Klasse möchte auch ein Beet im Schulgarten anlegen.
Ihr Geld reicht nur für 14 Zaunteile.

> Für jedes Zaunteil nehme ich ein Hölzchen.

   a) Finde verschiedene Möglichkeiten,
wie das Beet aussehen könnte.
Lege und zeichne.

    b) Wie viele Meterquadrate sind deine Beete groß?
Welches deiner Beete hat den größten,
welches den kleinsten Flächeninhalt? Kennzeichne sie.

 3   Richtig oder falsch?

a)

> Figuren, die denselben Flächeninhalt haben, haben auch denselben Umfang.

Kim

b)

> Figuren mit demselben Umfang müssen nicht denselben Flächeninhalt haben.

Noemi

Streichholzfiguren

1 Jette hat Figuren mit Streichhölzern gelegt.

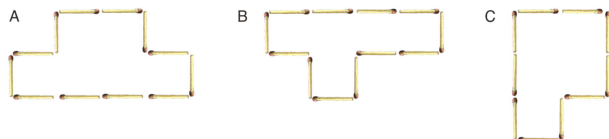

A   B   C

a) Bestimme den Flächeninhalt der Figuren in Einheitsquadraten.

b) Bestimme den Umfang der Figuren.
Gib die Anzahl der verwendeten Streichhölzer an.

2 Justus hat diese Figur aus Streichhölzern gelegt.

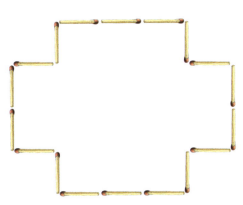

a) Lege ein Rechteck, das den
gleichen Flächeninhalt hat.
Wie viele Streichhölzer brauchst du?

b) Lege ein Rechteck, das den gleichen
Umfang hat. Welchen Flächeninhalt in
Einheitsquadraten hat das Rechteck?

3 Nimm 16 Streichhölzer.

> Für jedes
> Streichholz zeichne
> ich 1 cm.

a) Lege damit die Figur mit dem größtmöglichen Flächeninhalt.
Zeichne sie in dein Heft.

b) Lege damit die Figur mit dem kleinstmöglichen Flächeninhalt.
Zeichne sie in dein Heft.

4 Lege mit 12 Streichhölzern
eine doppelt so große Fläche wie diese.

5 Diese Figur ist 8 Einheitsquadrate groß.

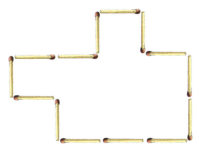

a) Lege 2 Hölzer so um, dass eine Fläche
von 9 Einheitsquadraten entsteht.
Finde alle Möglichkeiten.

b) Lege 3 Hölzer so um, dass eine Fläche
von 10 Einheitsquadraten entsteht.

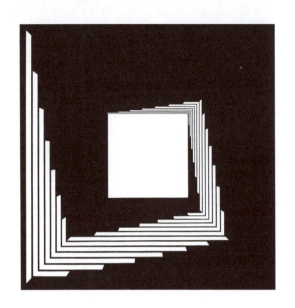

Marcello Morandini:
pannello 56B/1969

 1 Betrachte das Bild. Was fällt dir dazu ein?
Welchen Namen würdest du dem Bild geben?

2 a) Sind die weißen Linien im Bild senkrecht zueinander?
Das kannst du auf zwei Arten mit einem Geodreieck kontrollieren:

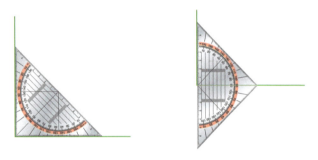

Gerade Linien, die senkrecht zueinander verlaufen, bilden einen rechten Winkel.

rechter Winkel

b) Zeichne mit dem Geodreieck zwei zueinander senkrechte gerade Linien auf weißes Papier. Probiere auf beide Arten. Bei welcher wird deine Zeichnung genauer?

3 a) Sind die weißen Linien im Bild parallel zueinander?
Das kannst du auf zwei Arten mit einem Geodreieck kontrollieren. Welche Hilfslinien werden genutzt?

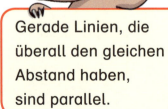

Gerade Linien, die überall den gleichen Abstand haben, sind parallel.

b) Zeichne mit dem Geodreieck drei parallele gerade Linien mit dem Abstand 2 cm auf weißes Papier. Probiere auf beide Arten.

4 Zeichne mit dem Geodreieck ...

a) ... vier jeweils 7 cm lange parallele Strecken mit dem Abstand 1,5 cm.

b) ... zwei jeweils 5 cm lange zueinander senkrechte Strecken.

c) ... zwei jeweils 6 cm lange parallele Strecken. Eine dritte 4 cm lange Strecke soll senkrecht dazu sein.

Eine gerade Linie mit zwei Endpunkten heißt Strecke.

5 Zeichne mit dem Geodreieck ...

a) ... zwei zueinander senkrechte Strecken, die beide 6 cm lang sind und sich halbieren. Verbinde die Endpunkte der Strecken miteinander. Welche Form entsteht?

b) ... zwei zueinander senkrechte Strecken, die 8 cm und 4 cm lang sind und sich halbieren. Verbinde die Endpunkte der Strecken miteinander. Welche Form entsteht?

c) ... zwei zueinander senkrechte Strecken, die 6 cm und 4 cm lang sind. Eine Strecke wird halbiert. Verbinde die Endpunkte der Strecken miteinander. Welche Formen können entstehen?

d) ... zwei zueinander senkrechte Strecken, die 7 cm und 3 cm lang sind und sich nicht halbieren. Verbinde die Endpunkte der Strecken miteinander. Welche Formen können entstehen?

6 Zeichne Rechtecke mit dem Geodreieck.

a) Länge 6 cm, Breite 4 cm

b) Länge 7 cm, Breite 2 cm

c) Länge 9 cm, Breite 3 cm

d) Länge 5 cm, Breite 5 cm

1. Schritt 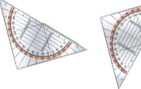 2. Schritt   3. Schritt   4. Schritt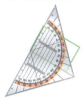

7 Wähle ein Muster aus und zeichne es mit dem Geodreieck. Denke dir selbst Muster mit geraden Linien aus, die senkrecht und parallel sind.

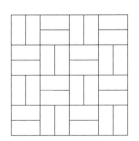 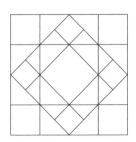 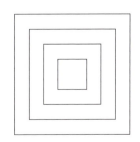

Du kannst die Muster auch farbig ausmalen.

1 Die Ziege Charly ist auf einer Wiese an einem Pfosten angebunden. Viele Stunden am Tag verbringt sie mit Fressen.

An den eingezeichneten Stellen wachsen schmackhafte Pflanzen. Welche erreicht Charly und welche nicht? Begründe.

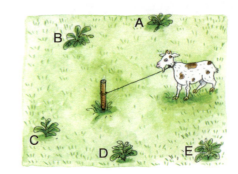

2 Das Seil, an dem Charly angebunden ist, ist 3 m lang. Zeichnet auf dem Schulhof mit Stock, Schnur und Kreide den Futterplatz der Ziege Charly. Überlegt, wie ihr vorgeht.

a) Welche Form hat Charlys Futterplatz?
b) Welche Erfahrungen habt ihr beim Zeichnen gemacht?
c) Welche Ratschläge könnt ihr geben, damit der Kreis gelingt?

Kreislinie

M × r

M = Mittelpunkt
r = Radius

3 Bauer Erwin möchte seine zweite Ziege Mecki ebenfalls an einen Pfosten mit einem 3 m langen Seil anbinden. Wie weit muss er mindestens vom ersten Pfosten entfernt sein, damit sich die beiden Ziegen nicht um das Futter streiten?

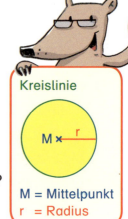

4 Mit etwas Übung kannst du Kreise mit dem Zirkel einfach und sauber im Heft zeichnen.

a) Zeichne verschieden große Kreise.
b) Zeichne Kreise, die **ineinanderliegen**.
c) Zeichne Kreise, die **sich schneiden**.
d) Zeichne Kreise, die **sich berühren**.

Worauf musst du beim Zeichnen mit dem Zirkel achten?

5 Skizziere freihand eine Figur, die nur aus Kreisen besteht. Zeichne sie nun sauber mit dem Zirkel.

der Zirkel
der Radius, die Radien
der Mittelpunkt
die Kreisfläche
die Kreislinie
sich schneiden
ineinanderliegen
sich berühren

6 Miss bei jedem Kreis den Radius aus.

A

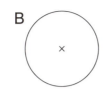
B

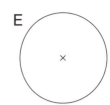
C   D   E

7 Zeichne vier Kreise um denselben Mittelpunkt mit den folgenden Radien:

r = 2 cm   r = 3,5 cm   r = 4 cm   r = 5 cm

8 Zeichne diese Figuren mit Zirkel und Geodreieck vergrößert ab.
Die roten Mittelpunkte helfen dir.

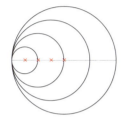 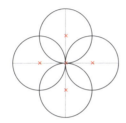 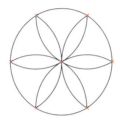

9 Jette hat mit Zirkel und Geodreieck dieses Muster gezeichnet und farbig
angemalt. Finde heraus, wie sie vorgegangen ist.

Diese Fragen können dir helfen:

▶ Wie viele Kreise hat sie gezeichnet? Fahre
sie mit dem Finger nach.
▶ An welchen Stellen hat sie mit dem Zirkel
eingestochen, um die Kreise zu zeichnen?
▶ Welche Punkte hat sie mit dem Geodreieck
verbunden?

10 Zeichne Jettes Muster und male es anders aus. Vergleiche.

11 Schreibe eine Zeichenanleitung, nach der Jettes Muster gezeichnet werden kann.
Diese Wörter können dir beim Formulieren helfen.

Kreis   einstechen   Radius   Zirkel   verbinden

Kreislinie   Mittelpunkt   Schnittpunkt   zeichnen   Geodreieck

Zeichne selbst schöne Muster und male sie aus.

Parkettierungen

 1 Zeichne ab und setze die Parkettierung in alle Richtungen fort.
Welche Spiegelachsen findest du?

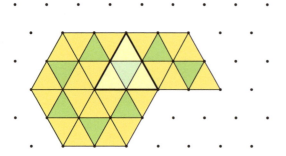

> die Parkettierung
> die Spiegelachse
> die Ausgangsfigur
> spiegeln
> verschieben

 2 Spiegle die Figur an allen Seiten
und zeichne eine Parkettierung.

Färbe die Ausgangsfigur
und zeichne eine Parkettierung.

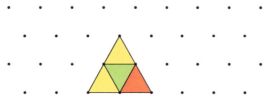

3 Zeichne ab und setze
die Parkettierung in
alle Richtungen fort.

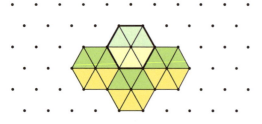

4 Zeichne ab und setze die
Parkettierung in alle Richtungen
fort. Wie gehst du dabei vor?

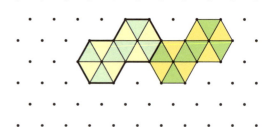

5 Zeichne ab und setzte die
Parkettierung in alle Richtungen fort.
Welche Spiegelachsen findest du?

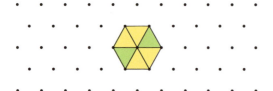

Färbe die Ausgangsfigur
und zeichne eine Parkettierung.

6 Wie entstehen aus dem Quadrat die beiden Fische? Beschreibe.

7 Du kannst aus einem Dreieck neue Formen herstellen und damit parkettieren. Probiere es aus.

8 Du kannst aus einem Sechseck ebenfalls neue Formen herstellen und damit parkettieren. Probiere es aus.

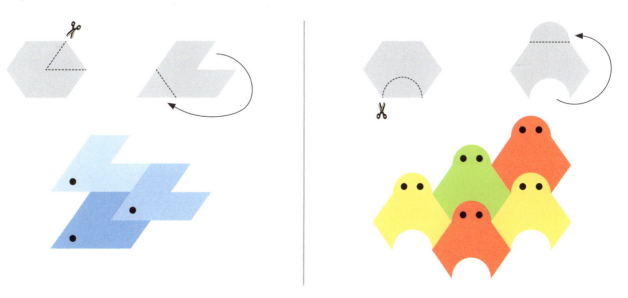

Erstelle noch andere Formen und parkettiere damit.

1 Schreibe in dein Heft. Rechne.

a)	b)	c)	d)	e)
3 762	7 851	8 548	6 757	4 295
− 1 348	− 3 429	− 5 173	− 4 582	− 837

2 Schreibe stellengerecht untereinander und rechne.

a) 810 327 − 163 548   b) 427 304 − 89 516   c) 541 170 − 375 881

d) 208 025 − 60 379   e) 704 328 − 7 449   f) 81 100 − 7 354

g) 67 012 − 7 842   h) 175 649 − 90 682   i) 609 162 − 485 753

3 Im Kopf oder schriftlich?

a) 10 795 − 205
   43 814 − 578

b) 60 500 − 30 500
   30 065 − 10 201

c) 65 610 − 1 200
   260 812 − 11 460

d) 67 483 − 8 135
   783 650 − 2 400

e) 75 811 − 31 595
   365 200 − 35 000

f) 810 979 − 63 546
   100 000 − 99 900

g) 84 000 − 6 003
   69 245 − 1 866

h) 8 105 − 796
   365 213 − 40 000

4 Bilde mit den Ziffernkarten von 0 bis 9 zwei fünfstellige Zahlen und subtrahiere sie. Verwende jede Ziffernkarte nur einmal.

a) Die Differenz soll möglichst groß sein.
b) Die Differenz soll möglichst klein sein.
c) Die Differenz soll 55 555 sein.

5 Bilde mit den Ziffernkarten von 0 bis 9 zwei vierstellige Zahlen und subtrahiere sie. Verwende jede Ziffernkarte nur einmal. Finde das kleinstmögliche Ergebnis.

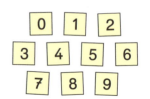

6 Wähle passende Zahlen.

1 527   3 681   2 716   4 808   2 134

a) Die Differenz soll kleiner als 1 000 sein.
b) Die Differenz soll größer als 2 000 und eine ungerade Zahl sein.

➡ Beilage zum Schülerbuch: Ziffernkarten

 1 Diese Zahlen heißen ANNA-Zahlen. Erkläre, warum sie so heißen.

 2 a) So werden Subtraktionsaufgaben mit ANNA-Zahlen gebildet.
Bildet selbst solche Aufgaben. Notiert jede Aufgabe auf einen
kleinen Zettel und rechnet sie aus.

b) Wie viele verschiedene Ergebnisse habt ihr gefunden?

c) Schreibt die Ergebnisse der Größe nach geordnet auf.
Untersucht die Ergebnisse. Was fällt euch auf? Notiert eure Entdeckungen.

3 Vergleiche Aufgaben mit dem gleichen Ergebnis.
Was fällt dir auf? Achte auf die Differenz zwischen den Ziffern.

4 Zum Ergebnis 4455 gibt es fünf Aufgaben. Welche sind es?
Wähle andere Ergebnisse. Wie viele Aufgaben gibt es jeweils?

5 Finde heraus, wie viele Aufgaben es zu jeder Ergebniszahl gibt.
Wie viele Aufgaben sind es insgesamt?

Untersuche auch Aufgaben mit NANA-Zahlen. 1212 2424 5050

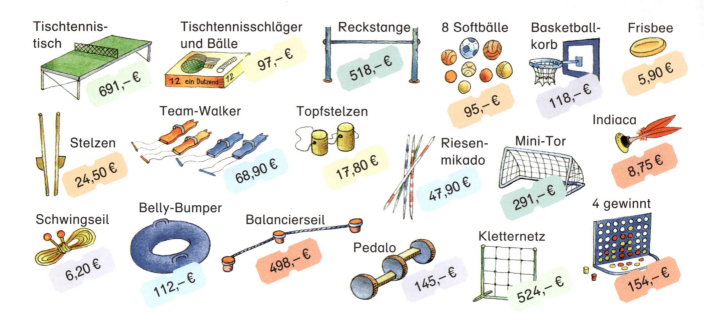

Tischtennis-tisch — 691,– €
Tischtennisschläger und Bälle — 97,– €
Reckstange — 518,– €
8 Softbälle — 95,– €
Basketball-korb — 118,– €
Frisbee — 5,90 €
Stelzen — 24,50 €
Team-Walker — 68,90 €
Topfstelzen — 17,80 €
Riesen-mikado — 47,90 €
Mini-Tor — 291,– €
Indiaca — 8,75 €
Schwingseil — 6,20 €
Belly-Bumper — 112,– €
Balancierseil — 498,– €
Pedalo — 145,– €
Kletternetz — 524,– €
4 gewinnt — 154,– €

1 Für die Anschaffung von Pausenspielgeräten stehen 2 500 Euro zur Verfügung. Was kann man für diesen Betrag kaufen? Überschlage.

2 Schaut in Kataloge mit Pausenspielgeräten für draußen und drinnen. Was würdet ihr euch für den Betrag von 4 000 Euro für eure Schule wünschen? Überschlagt und stellt eure Auswahl auf einem Plakat dar.

3 Es stehen 700 Euro zur Verfügung. Reicht das Geld?

291,– €   8,75 €   47,90 €   154,– €   97,– €   95,– €   6,20 €

Jette und Justus haben überschlagen.
Welche Beträge hat Jette nicht notiert? Warum?

Justus:
300 € + 9 € + 50 € + 150 € + 100 € + 100 € + 6 € = 715 €
Das Geld reicht nicht.

Jette:
300 € + 50 € + 150 € + 100 € + 100 € = 700 €
Das Geld reicht.

der Überschlag
überschlagen

4 Reichen 4 000 Euro? Welche Zahlen kannst du beim Überschlag ausgleichen? Worauf musst du achten? Notiere jeweils und vergleiche mit deinem Partner.

a) 2 911,00 € + 14,80 € + 391,00 € + 6,90 € + 509,00 €
b) 509,00 € + 7,00 € + 481,00 € + 9,90 € + 1 891,00 € + 9,98 € + 591,00 €
c) 2 089,00 € + 513,00 € + 1 117,00 € + 171,00 € + 119,00 €
d) 2 037,00 € + 411,00 € + 6,90 € + 519,00 € + 1 031,00 € + 9,80 €

Ergebnisse prüfen

6 132 + 582 = 7 714

2 487 + 3 976 = 6 463

4 996 + 1 005 = 5 001

Ich habe überschlagen. Zwei Ergebnisse können nicht stimmen.

 1 Hat Jette recht? Begründe.

2 Finde mit dem Überschlag heraus, welche Ergebnisse nicht stimmen können. Rechne diese Aufgaben richtig aus.

a) Ü: 6 0 0 + 1 0 0 = 7 0 0

Ü: 3 5 0 +   =

a) 589 + 103 = 692
349 + 298 = 547
779 + 404 = 1 183

b) 411 − 298 = 113
602 − 107 = 495
599 − 311 = 388

c) 589 − 207 = 382
397 − 298 = 199
809 − 511 = 298

3 Finde mit dem Überschlag heraus, welche Ergebnisse nicht stimmen können. Rechne diese Aufgaben richtig aus.

a) 5 981 + 1 007 = 5 988
3 979 + 4 101 = 8 080
2 492 + 4 980 = 5 472

b) 7 981 + 107 = 8 088
8 492 + 498 = 9 990
6 979 + 411 = 7 390

c) 9 102 − 607 = 8 495
8 214 − 298 = 7 916
6 199 − 311 = 5 288

4 Überschlage. Sortiere die Aufgaben in eine Tabelle ein.

2 245 + 2 318	1 137 + 2 909
5 145 − 1 198	6 756 − 2 444
5 023 − 1 289	3 189 + 961
1 978 + 1 799	7 201 − 2 898

Ergebnis zwischen ...	
... 3 000 und 4 000	... 4 000 und 5 000
	2 245 + 2 318

5 Finde mit dem Überschlag heraus, welche Ergebnisse nicht stimmen können. Rechne diese Aufgaben richtig aus.

a) 23 023 + 29 987 = 53 010
45 101 + 19 998 = 65 099
39 995 + 12 101 = 54 096

b) 43 103 − 19 987 = 33 116
75 210 − 24 998 = 40 212
39 995 − 12 101 = 27 894

c) 84 991 + 19 113 − 25 345 = 78 759
79 701 + 29 672 − 11 456 = 92 917
59 777 − 12 101 + 41 793 = 89 469

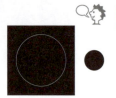

1 Der Mond umkreist die Erde. Für einen Umlauf braucht er ungefähr 28 Tage. Je nach Stellung des Mondes sehen wir ihn unterschiedlich. Betrachte die Fotos und erkläre, wie sich das Aussehen des Mondes verändert.

2 Justus und Jette haben die Zeitspannen von Mondaufgang (MA) bis Monduntergang (MU) berechnet. Erkläre, wie die beiden gerechnet haben. Wann ist es sinnvoll zu rechnen wie Justus, wann wie Jette?

| MA | 29. Oktober | 16.47 Uhr | ○ | MA | 22. September | 14.53 Uhr | ☽ |
| MU | 30. Oktober | 7.51 Uhr | | MU | 22. September | 23.35 Uhr | |

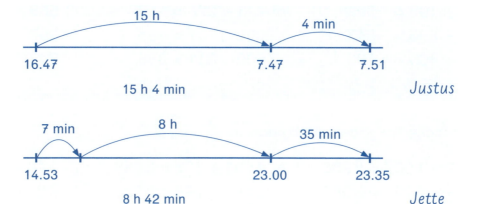

15 h → 4 min

16.47   7.47   7.51

15 h 4 min   *Justus*

7 min   8 h   35 min

14.53   23.00   23.35

8 h 42 min   *Jette*

3 Hier siehst du die Mondaufgangszeiten und Monduntergangszeiten für die Mondphasen in zwei Monaten.

a) Wie viel Zeit vergeht zwischen Mondaufgang und Monduntergang?

MA	10. April	6.29 Uhr	●	MA	10. Mai	6.01 Uhr	●
MU	10. April	20.37 Uhr		MU	10. Mai	21.36 Uhr	
MA	17. April	11.15 Uhr	☽	MA	17. Mai	12.10 Uhr	☽
MU	18. April	2.39 Uhr		MU	18. Mai	2.04 Uhr	
MA	24. April	19.14 Uhr	○	MA	24. Mai	20.38 Uhr	○
MU	25. April	5.48 Uhr		MU	25. Mai	5.42 Uhr	
MA	2. Mai	2.23 Uhr	☾	MA	31. Mai	1.25 Uhr	☾
MU	2. Mai	12.35 Uhr		MU	31. Mai	12.50 Uhr	

b) Betrachte die Zeiten von Mondaufgang und Monduntergang bei den unterschiedlichen Mondphasen. Was fällt dir auf?

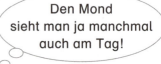

Den Mond sieht man ja manchmal auch am Tag!

... und Ostern

4 Es gibt Feste, die jedes Jahr am gleichen Tag stattfinden, z. B. dein Geburtstag, Weihnachten, Silvester. Bei anderen Festen ändert sich das Datum. Dazu gehört das Osterfest.

Wann ist in diesem Jahr Ostern?

Wann war Ostern im vorigen Jahr?

> Der erste Vollmond nach Frühlingsanfang heißt Frühlingsvollmond.

5 Das Datum des Osterfests wird nach dem Mond berechnet. Ostern ist immer am ersten Sonntag nach dem ersten Frühlingsvollmond. Der Frühling beginnt am 20. März.

Auf welches Datum fällt Ostern in den einzelnen Jahren?

Jahr	Vollmond	
2017	So.	12. März
	Di.	11. April
2018	Fr.	2. März
	Sa.	31. März
2019	Do.	21. März
	Fr.	19. April

Jahr	Vollmond	
2020	Mo.	9. März
	Mi.	8. April
2021	So.	28. März
	Di.	27. April
2022	Fr.	18. März
	Sa.	16. April

6 Überlege: Welches ist das frühestmögliche Datum für das Osterfest? Welches das späteste?

> Welche religiösen Feste werden in anderen Kulturen gefeiert?

7 Andere christliche Feiertage werden vom Ostersonntag aus berechnet.

Aschermittwoch	ist 46 Tage vor dem Ostersonntag.
Christi Himmelfahrt	ist 39 Tage nach dem Ostersonntag.
Pfingstsonntag	ist 49 Tage nach dem Ostersonntag.
Fronleichnam	ist 60 Tage nach dem Ostersonntag.

Finde mithilfe eines Kalenders die Daten für diese Feiertage in diesem Jahr.

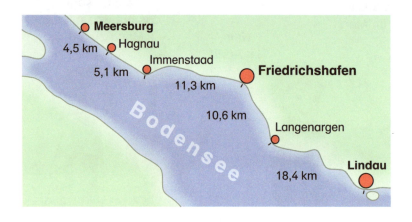

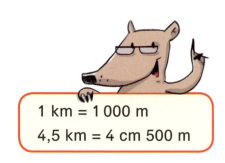

1 km = 1 000 m

4,5 km = 4 cm 500 m

1 Jette plant mit ihrer Familie eine Radtour am Bodensee.
Sie wollen von Meersburg nach Lindau fahren.

a) Welche Teilstrecken
müssen sie zurücklegen?
Trage die Längen der
Etappen in eine Tabelle ein.

	km			m			
1.			4	5	0	0	Meersburg – Hagnau
2.							

b) Berechne die Gesamtlänge des Weges.

2 Wo befindet sich Jette mit ihrer Familie gerade, wenn es nach Hagnau
16 km 400 m weit ist und nach Lindau 29 000 m?

3 Wandle um in Meter.

a) 6,195 km
 1,250 km
 23,856 km

b) 8 km 317 m
 5 km 270 m
 12 km 134 m

4 Wandle um in Meter.

a) 1,084 km
 14,004 km
 7,307 km

b) 21 km 900 m
 21 km 90 m
 21 km   9 m

5 Wandle um in Kilometer.

a) 3 712 m
 35 136 m
 2 459 m

b) 9 km 909 m
 14 km 220 m
 3 km 807 m

6 Wandle um in Kilometer.

a) 17 304 m
 8 013 m
 501 m

b) 7 km 700 m
 7 km 70 m
 7 km   7 m

7 a) Wo befindet sich Jette
mit ihrer Familie gerade?
b) Wie weit ist es von Hagnau
nach Friedrichshafen?
c) Wie weit ist es von Immenstaad nach Lindau?

Hagnau   5,1 km   Friedrichshafen 11,3 km
Meersburg   9,6 km   Langenargen   21,9 km

8 In der Schule erzählt Justus stolz von seiner Radtour am Wochenende.
Lachend sagt er: „Wir sind am Sonntag 7 500 000 mm geradelt."
Wie viele Kilometer ist Justus geradelt?

Geschwindigkeiten

1 km in 15 min 8 km in 30 min 48 km in 1 h 60 km in 30 min

1 Übertrage die Tabelle in dein Heft. Ergänze.

	15 min	30 min	45 min	1 h	2 h	3 h	5 h
Fußgänger	1 km						
Radfahrer		8 km					
...							

2 Jette und ihre Familie schaffen bei ihrer Radtour am Bodensee durchschnittlich 12 km pro Stunde.

Wie viele Stunden und Minuten beträgt die reine Fahrzeit, um 24 (36, 30, 27, 15) km zurückzulegen?

> Geschwindigkeiten werden in der Regel in Kilometern pro Stunde (**km/h**) angegeben.

3 Spitzengeschwindigkeiten von Tieren: Wie weit kämen die Tiere, wenn sie längere Strecken mit ihrer Spitzengeschwindigkeit zurücklegen könnten?
Übertrage die Tabelle in dein Heft. Ergänze.

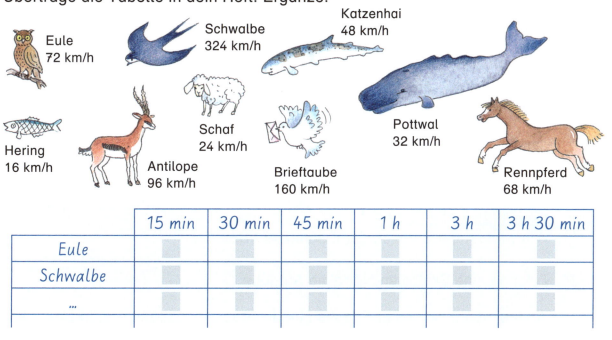

Eule 72 km/h
Schwalbe 324 km/h
Katzenhai 48 km/h
Hering 16 km/h
Schaf 24 km/h
Antilope 96 km/h
Brieftaube 160 km/h
Pottwal 32 km/h
Rennpferd 68 km/h

	15 min	30 min	45 min	1 h	3 h	3 h 30 min
Eule						
Schwalbe						
...						

4 Schwalben sind Zugvögel und verbringen den Winter im Süden Afrikas.
Schaffen sie es bei einer Fluggeschwindigkeit von 90 km/h den Weg von ungefähr 8 500 km in 50 Stunden zurückzulegen?

65

1 a) Welche Skizze passt zu welchem Text?

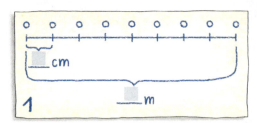

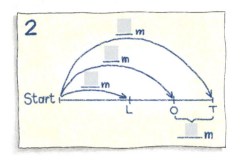

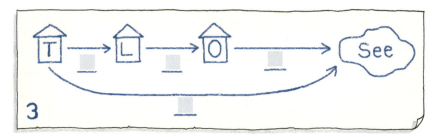

A Tim wirft 38 m weit. Olli schafft 7 m weniger. Lena wirft nur halb so weit wie Tim.
Wie weit werfen Olli und Lena?

B Lenas Mutter pflanzt im Garten auf einer Länge von 4 m Rosen. Sie pflanzt die Rosen im Abstand von 50 cm ein.
Wie viele Rosen braucht sie?

C Tim, Lena und Olli wollen zum See fahren. Tim wohnt 10,6 km vom See entfernt. Er holt zuerst Lena ab, die 2,8 km von ihm weg wohnt. Zusammen fahren sie zu Olli. Von dort aus radeln sie gemeinsam die 5,2 km zum See.
Wie weit wohnt Olli von Lena entfernt?

b) Zeichne die Skizzen und trage die fehlenden Längenangaben ein.
Schreibe die Antwortsätze.

2 Zeichne eine Skizze und löse die Aufgabe.

Jette macht mit ihrer Familie eine Radtour. Zuerst radeln sie 3 km zum Spielplatz. Von dort geht es 4 km weiter zur Eisdiele und dann zum See. Sie sind bis dahin insgesamt 15 km geradelt.
Wie weit ist der See von der Eisdiele entfernt?

3 Zeichne eine Skizze und löse die Aufgabe.

Justus macht mit seiner Familie eine Radtour. Insgesamt radeln sie 22 km 800 m. Zuerst radeln sie 3,7 km zum Waldrand. Von dort geht es weiter zum Grillplatz. Danach radeln sie 2 100 m zum See.
Für den Heimweg wählen sie eine Abkürzung, die 9,6 km lang ist.
Wie weit ist der Grillplatz vom Waldrand entfernt?

4 Zeichne eine Skizze und löse die Aufgabe.

Zwischen Konstanz und Meersburg am Bodensee verkehrt eine Fähre, die eine Strecke von 4 km zurücklegt. In jeder Stadt steht am Hafen eine Sturmwarnglocke, die 3 km weit zu hören ist. Wie lang ist die Strecke zwischen Konstanz und Meersburg, auf der beide Glocken zu hören sind?

5 Zeichne eine Skizze und löse die Aufgabe.

Beim Bau eines 1 200 m langen Tunnels wird gleichzeitig von beiden Seiten begonnen. Die eine Baufirma schafft täglich 2,50 m, die andere sogar 3,50 m.

a) Nach wie vielen Tagen ist der Tunnel fertig?

b) Wie viele Meter hat jede Firma gebaut?

6 Zeichne eine Skizze und löse die Aufgabe.

a) Eine Holzleiste ist 3 m lang. Sie wird in 60 cm lange Stücke zersägt. Wie viele Stücke erhält man? Wie viele Schnitte sind nötig?

b) Eine Holzleiste ist 3 m lang. Sie wird in 6 cm lange Stücke zersägt. Wie viele Stücke erhält man? Wie viele Schnitte sind nötig?

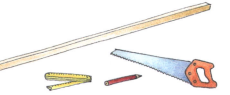

7 Zeichne eine Skizze und löse die Aufgabe.

Ein Bauer will seinen rechteckigen Garten einzäunen. Er hat einen Zaun von 20 m Länge gekauft. Der Garten ist 6 m lang und 3,50 m breit. Er soll ein Tor von 1 m Breite bekommen. Reicht der Zaun auch noch für ein quadratisches Gemüsebeet von 1,50 m Seitenlänge? Das Beet schließt außerhalb direkt an eine Seite des Gartens an und bekommt auch ein Tor von 1 m Breite.

Mithilfe des Maßstabes kann man Dinge vergrößert abbilden.

So groß ist eine Kopflaus in Wirklichkeit.

Maßstab 1:1   Maßstab 2:1

Maßstab 20:1

Die Kopflaus wurde im Maßstab **20:1** vergrößert. **20** mm im Bild, **1** mm in Wirklichkeit.

Maßstab 20:1
Länge im Bild: 60 mm
60 mm : 20 = 3 mm
Länge in Wirklichkeit: 3 mm

1   a) Hier sind drei Käfer vergrößert abgebildet.

Wie groß sind diese Käfer in Wirklichkeit? Miss die Längen und rechne.

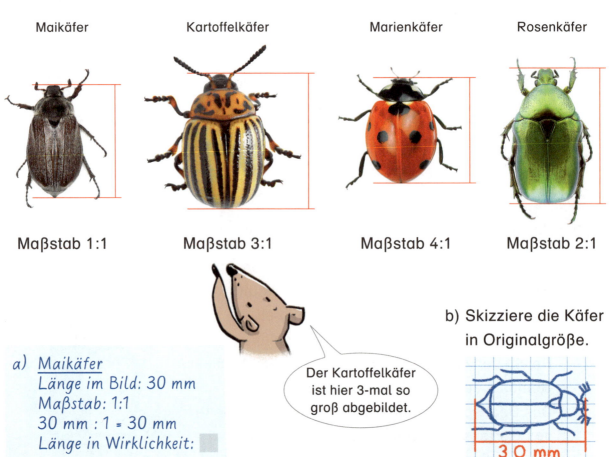

Maikäfer   Kartoffelkäfer   Marienkäfer   Rosenkäfer

Maßstab 1:1   Maßstab 3:1   Maßstab 4:1   Maßstab 2:1

Der Kartoffelkäfer ist hier 3-mal so groß abgebildet.

a) Maikäfer
Länge im Bild: 30 mm
Maßstab: 1:1
30 mm : 1 = 30 mm
Länge in Wirklichkeit:

b) Skizziere die Käfer in Originalgröße.

30 mm

Mithilfe des Maßstabes kann man Dinge
auch verkleinert abbilden.

Der Blauwal wurde im Maßstab
1:500 verkleinert.
1 cm im Bild, **500** cm in Wirklichkeit.

Maßstab 1:500

Maßstab 1:1000

Maßstab 1:2000

das Original
der Maßstab
vergrößern
verkleinern

2 Der Blauwal wurde in den Abbildungen verkleinert.
Wie groß ist er in Wirklichkeit?

3 Zeichnet die wirkliche Länge eines Blauwals auf den Schulhof.

Sammelt Abbildungen und Gegenstände, auf denen
der Maßstab angegeben ist. Berechnet, wie groß
die Gegenstände in Wirklichkeit sind.

4 Wann ist es sinnvoll zu verkleinern? Wann ist es sinnvoll zu vergrößern?

5 a) Übertrage die Buchstaben
in dein Heft. Vergrößere sie
im Maßstab 4:1.

b) Wähle eigene Wörter aus.
Übertrage sie auf Karopapier
und vergrößere sie im Maßstab 2:1.

6 Übertrage die Buchstaben in dein Heft.
Verkleinere sie im Maßstab 1:3.

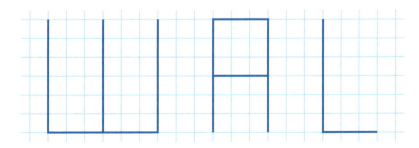

Multiplizieren

1 Rechne im Kopf oder notiere die Zwischenergebnisse.

	7	·	1	3	=	9	1
	7	0	+	2	1		

a) 7 · 13 b) 3 · 24 c) 4 · 32 d) 53 · 4 e) 64 · 2 f) 3 · 120
  6 · 15   4 · 24   4 · 33   56 · 4   65 · 3   3 · 121
  4 · 18   4 · 25   4 · 43   56 · 6   66 · 4   3 · 124
  3 · 13   5 · 25   4 · 44   56 · 8   67 · 5   3 · 224

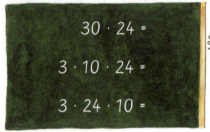

30 · 24 =

3 · 10 · 24 =

3 · 24 · 10 =

Ich rechne zuerst 3 · 24.

2 Rechne im Kopf oder notiere die Zwischenergebnisse.

a) 7 · 13 b) 5 · 18 c) 4 · 15 d) 6 · 17
 70 · 13   50 · 18   40 · 15   60 · 17

7 · 13 · 10

70 · 13

3 Rechne im Kopf oder notiere die Zwischenergebnisse.

a) 3 · 24 b) 5 · 54 c) 7 · 33 d) 5 · 64
 30 · 24   50 · 54   70 · 33   50 · 64

e) 2 · 75 f) 4 · 36 g) 6 · 42 h) 8 · 16 i) 7 · 26 j) 4 · 83
 20 · 75   40 · 36   60 · 42   80 · 16   70 · 26   40 · 83

4 Rechne im Kopf oder notiere die Zwischenergebnisse.

a) 25 · 60 b) 16 · 70 c) 47 · 30 d) 63 · 20 e) 58 · 40 f) 82 · 30
 20 · 65   10 · 76   40 · 37   60 · 23   50 · 48   80 · 32

5 Schau dir die Zahlen und Ergebnisse von Aufgabe 4 an.
Warum haben die Aufgabenpaare unterschiedliche Ergebnisse? Begründe.

6 Rechne. Nutze die beiden oberen Aufgaben zum Lösen der unteren Aufgabe.

a) 40 · 23 b) 30 · 54 c) 20 · 17 d) 32 · 20 e) 34 · 40 f) 18 · 10
  1 · 23   2 · 54   3 · 17   32 · 3   34 · 4   18 · 7
 41 · 23   32 · 54   23 · 17   32 · 23   34 · 44   18 · 17

7 Eine Aufgabe – zwei Möglichkeiten zu rechnen

a) 62 · 31 = 1922   62 · 31 = ▢   b) 54 · 42 = ▢   54 · 42 = ▢
‾‾‾‾‾‾‾‾‾‾‾‾‾   ‾‾‾‾‾‾‾‾‾‾   ‾‾‾‾‾‾‾‾‾   ‾‾‾‾‾‾‾‾‾
60 · 31 = 1860   62 · 30 = ▢   50 · 42 = ▢   54 · 40 = ▢
  2 · 31 =   62   62 · 1 = ▢   ▢ · 42 = ▢   54 · ▢ = ▢

 Vergleicht die Rechenwege von Aufgabe 7a. Wie unterscheiden sie sich?

| die erste Zahl | | die zweite Zahl | | in Zehner und Einer zerlegen | |

c) 51 · 32   51 · 32   d) 34 · 42   34 · 42   e) 21 · 19   21 · 19
‾‾‾‾‾‾‾   ‾‾‾‾‾‾‾   ‾‾‾‾‾‾‾   ‾‾‾‾‾‾‾   ‾‾‾‾‾‾‾   ‾‾‾‾‾‾‾
50 · 32   51 · 30   30 · 42   34 · 40   20 · ▢   21 · ▢
 1 · 32   51 · 2   ▢ · 42   34 · ▢   ▢ · ▢   21 · ▢

8 Eine Aufgabe – zwei Möglichkeiten zu rechnen: Wähle immer einen Rechenweg aus.

17 · 15   42 · 35   16 · 55   22 · 38   25 · 16

9 Rechne. Was fällt dir auf? Erkläre.

a) 6 · 74   b) 9 · 46   c) 8 · 82   d) 7 · 104   e) 9 · 54   f) 8 · 62
   12 · 37   18 · 23   16 · 41   14 · 52   ▢ · 27   16 · ▢

10 Rechne geschickt im Kopf.

a) 2 ·   9   b) 4 ·   9   c) 7 ·   9
   2 ·   99   4 ·   99   7 ·   99
   2 · 999   4 · 999   7 · 999
   2 · 9999   4 · 9999   7 · 9999

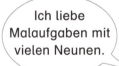
Ich liebe Malaufgaben mit vielen Neunen.

Vergleiche immer die vier Ergebnisse in einem Päckchen. Was fällt dir auf?

11 Wenn du das Muster in den Ergebnissen von Aufgabe 10c erkannt hast, findest du das Ergebnis der Aufgabe 7 · 99 999 ohne zu rechnen. Schreibe auf, wie.

12 a) Was hat sich Justus überlegt? Erkläre.

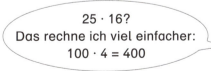
25 · 16? Das rechne ich viel einfacher: 100 · 4 = 400

b) Rechne auch die folgenden Aufgaben wie Justus.   25 · 24   48 · 25

c) Bilde selbst noch drei Aufgaben, die man mit Justus' Trick rechnen kann.

$5 \cdot 1635 = 8175$

$5 \cdot 1000 = 5000$
$5 \cdot 600 = 3000$
$5 \cdot 30 = 150$
$5 \cdot 5 = 25$

$5 \cdot 1635 = 8175$

5000
3000
150
25

$1635 \cdot 5$

8175

Ich rechne wie mein großer Bruder!

 1 Überlegt gemeinsam: Wie haben die Kinder ihren Rechenweg notiert?
Was ist gleich, was ist anders?

2 Löse die folgenden Aufgaben wie Justus.

$4 \cdot 2573$ $4 \cdot 5237$ $4 \cdot 7352$ $7 \cdot 3046$ $7 \cdot 3406$ $7 \cdot 3640$

3 Ali multipliziert große Zahlen schriftlich, das bedeutet, er rechnet ziffernweise. Rechne schriftlich.

Man fängt mit den **Einern** an.

$2 \cdot 231403$ $2 \cdot 321041$ $2 \cdot 421430$ $2 \cdot 103413$

$2\ 3\ 1\ 4\ 0\ 3 \cdot 2$
$\qquad 2\ 8\ 0\ 6$

$3\ 2\ 1\ 0\ 4\ 1 \cdot 2$
$\qquad\qquad 0\ 8\ 2$

$4\ 2\ 1\ 4\ 3\ 0 \cdot 2$
$\qquad\qquad 6\ 0$

$1\ 0\ 3\ 4\ 1\ 3 \cdot 2$
$\qquad\qquad\quad 6$

Warum soll die größere Zahl vorne stehen?

Das kannst du auf Seite 76 herausfinden!

4 Mache zuerst einen Überschlag. Was muss ungefähr herauskommen? $2734 \cdot 2$
Versuche dann, diese Aufgabe schriftlich zu rechnen.
Warum ist das bei dieser Aufgabe schwieriger als bei Aufgabe 3?

... zum schriftlichen Multiplizieren

5 Justus hat diese Aufgabe mit der Stellenwerttafel gelöst. Erkläre.

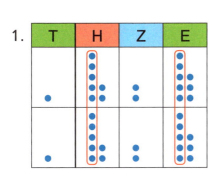

6 So wird schriftlich multipliziert:

1.

T	H	Z	E
1	7	2	8	· 2
			6

2.

T	H	Z	E
1	7	2	8	· 2
		5	6

3.

T	H	Z	E
1	7	2	8	· 2
	4	5	6

4.

T	H	Z	E
1	7	2	8	· 2
3	4	5	6

Bringe diese Beschreibungen der Rechenschritte in die richtige Reihenfolge.

A
2 · 1 T = 2 T
2 T + 1 T = 3 T
3 T schreibe ich hin.

B
2 · 8 E = 16 E = 1 Z 6 E
6 E schreibe ich hin.
1 Z merke ich mir.

C
2 · 2 Z = 4 Z
4 Z + 1 Z = 5 Z
5 Z schreibe ich hin.

D
2 · 7 H = 14 H = 1 T 4 H
4 H schreibe ich hin.
1 T merke ich mir.

7 Multipliziere schriftlich.

a) T H Z E
   2 4 3 1 · 3

b) T H Z E
   2 3 4 1 · 3

c) T H Z E
   2 3 1 4 · 3

d) T H Z E
   2 1 3 4 · 3

8 Multipliziere schriftlich.

a) 1 621 · 4
   1 162 · 4
   2 116 · 4

b) 2 431 · 4
   2 341 · 4
   3 214 · 4

c) 1 531 · 5
   1 153 · 5
   1 315 · 5

d) 2 519 · 7
   5 219 · 7
   5 291 · 7

9 Warum muss man beim schriftlichen Multiplizieren mit den **Einern** beginnen?
Was wäre, wenn man mit den **Tausendern** beginnen würde?
Erkläre es an der Aufgabe 1 728 · 2 .

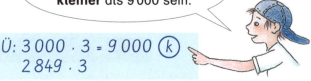

Das Ergebnis muss **kleiner** als 9 000 sein.

Ü: 3 000 · 3 = 9 000 (k)
2 849 · 3

Und das ist auf jeden Fall **größer** als 6 000.

Ü: 2 000 · 3 = 6 000 (g)
2 349 · 3

1 Wie haben Justus und Jette überschlagen? Erkläre.

2 Überschlage zuerst. Rechne dann genau.

a) 2 849 · 3
2 349 · 3
3 984 · 3

Ü: 3 0 0 0 · 3 = 9 0 0 0 (k)
2 8 4 9 · 3

b) 4 629 · 4
5 129 · 4
5 921 · 4

c) 2 512 · 7
2 498 · 7
3 126 · 6

3

582   1148   3   2
349   ·   6
4   8

Ein Überschlag hilft!

a) Bilde drei Aufgaben, deren Produkt kleiner ist als 2 000.
b) Bilde drei Aufgaben, deren Produkt größer ist als 4 000.
c) Bilde drei Aufgaben, deren Produkt zwischen 2 000 und 4 000 liegt.

4 Mit welcher Zahl wurde multipliziert? Was überlegst du dir?

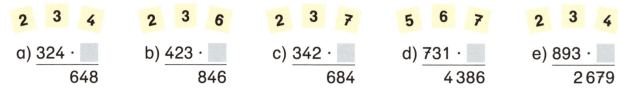

2 3 4   2 3 6   2 3 7   5 6 7   2 3 4

a) 324 · ▢   b) 423 · ▢   c) 342 · ▢   d) 731 · ▢   e) 893 · ▢
648   846   684   4 386   2 679

5 Mit welcher Zahl wurde multipliziert? Was überlegst du dir?

a) 763 · ▢   765 · ▢   b) 284 · ▢   287 · ▢   c) 149 · ▢   143 · ▢
3 815   2 295   1 988   1 148   447   1 287

d) 365 · ▢   382 · ▢   e) 896 · ▢   235 · ▢   f) 468 · ▢   295 · ▢
1 460   1 910   4 480   940   2 340   590

6 Mit diesen Ziffern sollen Malaufgaben gebildet werden.
Finde die passenden Aufgaben zu diesen Ergebnissen.

a) 4 180   b) 1 704   c) 2 055

Erkläre: Wie bist du vorgegangen?

7 Vorsicht Nullen!

a) 2903 · 3
2905 · 3
3602 · 4
3607 · 4

2 9 0 3 · 3
7 0 9
2 9 0 5 · 3
7 1 5

b) 4092 · 6
4019 · 6
4013 · 6
4009 · 6

c) 3056 · 7
1056 · 7
3506 · 7
3560 · 7

d) 7925 · 5
7926 · 5
7925 · 8
7965 · 8

8 Typische Fehler beim Multiplizieren!
Zu jedem Fehlertyp gehören zwei Aufgaben.
Überprüfe und ordne zu.

A: Beim Einmaleins verrechnet

B: Übertrag vergessen zu addieren

C: Übertrag nicht addiert, sondern in die Ergebniszeile notiert

D: Fehler bei der Multiplikation mit Null

a) 7526 · 4
30 108

b) 1357 · 5
5 152 535

c) 9262 · 3
27 686

d) 7518 · 4
30 042

e) 7604 · 2
1 528

f) 4520 · 4
1 808

g) 3532 · 3
10 566

h) 1027 · 3
30 621

9 Schriftlich oder im Kopf?

a) 335 · 4
555 · 5
440 · 4
999 · 3

b) 309 · 7
540 · 2
756 · 8
956 · 4

c) 4029 · 9
3009 · 8
7560 · 7
1070 · 7

d) 4999 · 3
6027 · 5
3333 · 2
2468 · 6

e) 6002 · 4
2301 · 3
7066 · 5
1357 · 8

10 Beschreibe die Muster in den Ergebnissen.

a) 1234 · 9
1235 · 9
1236 · 9
1237 · 9

b) 12345 · 9
24690 · 9
37035 · 9
49380 · 9

c) 123 · 9
234 · 9
345 · 9
456 · 9

d) 1221 · 9
2332 · 9
3443 · 9
4554 · 9

Malaufgaben mit 9 sind cool!

11 Ergänze die fehlenden Ziffern.

a) ▢ 43 ▢ · 2
4 862

b) 6 ▢ ▢ 7 · 4
24 828

c) 3 ▢ 5 ▢ · 3
10 962

d) 40 ▢ ▢ · 7
28 686

e) 3 ▢ 7 ▢ · 6
21 474

1 Vergleiche die Aufgaben. Was fällt dir auf?

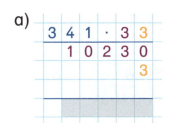

```
3 5 4 · 6 0
2 1 2 4 0
```

```
3 5 4 · 6
  2 1 2 4
```

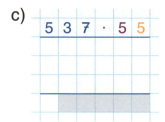

```
3 5 4 · 6 6
2 1 2 4 0
  2 1 2 4
2 3 3 6 4
```

2 Schreibe die Aufgaben ab. Multipliziere schriftlich.

a)
```
3 4 1 · 3 3
1 0 2 3 0
        3
```

b)
```
4 2 6 · 4 4
```

c)
```
5 3 7 · 5 5
```

3 Multipliziere schriftlich.

a) 431 · 22
192 · 55
274 · 66
365 · 44

b) 438 · 13
438 · 23
438 · 33
438 · 43

4 Multipliziere schriftlich.

a) 456 · 34
456 · 43
456 · 45
456 · 54

b) 5 812 · 36
8 521 · 63
2 185 · 38
1 258 · 83

5 Tauschaufgaben: Schreibe die Aufgaben ab und rechne sie zu Ende.

a)
```
2 6 3 7 · 1 3
  2 6 3 7 0
```

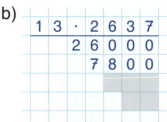

b)
```
1 3 · 2 6 3 7
  2 6 0 0 0
    7 8 0 0
```

So viel Schreibarbeit!

Wenn die größere Zahl vorne steht, muss man weniger aufschreiben.

 Welche Aufgabe hast du lieber gerechnet? Warum?

6 Entscheide, ob du die Zahlen tauschen möchtest.

a) 318 · 22   b) 15 · 3 107   c) 59 · 4 256   d) 2 143 · 12

e) 31 · 658   f) 42 · 139   g) 6 026 · 34   h) 45 · 4 362

i) 244 · 78   j) 98 · 511   k) 72 · 468   l) 111 · 76

7 Überschlage zuerst. Rechne dann genau.

a) 284 · 37   b) 432 · 48   c) 2412 · 72
   824 · 37   532 · 48   2412 · 62
   824 · 73   582 · 48   2812 · 62
   284 · 73   612 · 48   2812 · 52

Das Ergebnis muss kleiner sein als 12 000.

Ü: 300 · 40 = 12 000 ⓚ
284 · 37

8 Muster in den Ergebnissen: Setze fort.

a) 999 · 11   b) 123 · 99   c) 1212 · 99   d) 101 · 91
   999 · 12   234 · 99   1313 · 99   202 · 91
   999 · 13   345 · 99   1414 · 99   303 · 91
   ▢ · ▢   ▢ · ▢   ▢ · ▢   ▢ · ▢

Ich liebe Malaufgaben mit Neunen!

 Erfinde auch Malaufgaben mit Neunen.
Haben deine Ergebnisse ein Muster?

9 Multipliziere schriftlich.

a) 453 · 23   b) 426 · 230   c) 456 · 654   d) 3625 · 753   e) 3625 · 357
   453 · 230   426 · 235   654 · 456   5263 · 703   2536 · 537

10 Würfelt abwechselnd. Entscheidet nach jedem Wurf,
an welche Stelle ihr eure Würfelzahl eintragt.
Rechnet die Aufgaben aus.
Gewonnen hat, wer das kleinere (größere) Ergebnis
erzielt hat.

11 Versuche, die Aufgabe mit dem kleinsten
und mit dem größten Ergebnis zu finden.

1 2 3 4 5   ▢ ▢ ▢ · ▢ ▢

12 Mit diesen fünf Ziffern sollen Malaufgaben gebildet werden. 1 2 3 4 5
Jede Ziffer darf immer nur einmal verwendet werden.
Überlege und probiere.

a) ▢ 3 1 · 4 ▢ = 10 395   b) 4 ▢ 2 · ▢ = 14 420

c) ▢ ▢ 4 · ▢ 2 = 6 408   d) ▢ 5 2 · ▢ = 5 876

Bei einer 6 darfst du beginnen.

Oh nein, eine 6 ist am schwierigsten zu würfeln.

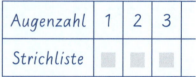

das **Würfelexperiment**
die **Augenzahl**
der **Zufall**
die **Wahrscheinlichkeit**
die **Augensumme**
die **Gewinnzahl**
die **Gewinnchance**

1 Hat Jette recht? Erkläre.

2 Führe ein Würfelexperiment durch.
a) Lege eine Tabelle an.
Würfle 50-mal mit einem Würfel und trage die gewürfelte Augenzahl in die Tabelle ein.

Augenzahl	1	2	3
Strichliste			

 b) Vergleicht die Ergebnisse in der Gruppe.
Was stellt ihr fest? Erstellt ein Säulendiagramm mit den Gruppenergebnissen.

c) Vergleicht eure Ergebnisse in der Klasse. Welche Zahl wurde am häufigsten gewürfelt? Erstellt ein Säulendiagramm.

3 Jette hat bei dem Spiel bereits 10-mal keine Sechs gewürfelt.
Ist die Wahrscheinlichkeit, beim nächsten Wurf eine Sechs zu würfeln nun größer als zu Beginn des Spiels? Begründe deine Vermutung.

 4 a) Welche Augensummen gibt es bei dem Spiel „Würfelmeister"?
b) Spielt das Spiel „Würfelmeister".
Vermute vorher, welche Augensumme am häufigsten vorkommt.
c) Welche Augensummen kamen am häufigsten vor?
 d) Untersucht mithilfe einer Tabelle, welche Augensumme am häufigsten gewinnt.

> **Würfelmeister**
> Jedes Kind wählt zwei Gewinnzahlen aus. Würfelt abwechselnd mit zwei Würfeln und addiert die Zahlen. Tragt die gewürfelten **Augensummen** in eine Tabelle ein. Jedes Kind ist 10-mal an der Reihe. Sieger ist derjenige, dessen Gewinnzahlen am häufigsten gewürfelt wurden.
>
> | Augensumme | 2 | 3 | 4 | 5 | 6 | 7 |
> |---|---|---|---|---|---|---|
> | Strichliste | | | | | | |

Augensumme	2	3	4	5	6	
Möglichkeiten	⚀⚀	⚀⚁ / ⚁⚀	⚀⚂ / ⚁⚁ / ⚂⚀	⚀⚃ / ⚁⚂ / ⚂⚁		

5 Du spielst „Würfelmeister" mit zwei Würfeln und multiplizierst die Augenzahlen.
Welche Ergebniszahlen haben die größte Chance zu gewinnen? Erkläre.

6 Faires Spiel?

Du spielst mit deinem Partner. Ihr würfelt abwechselnd
mit zwei Würfeln und addiert die Augenzahlen.
Welche Regel ist fair, welche unfair? Begründe.

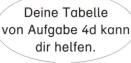

Deine Tabelle
von Aufgabe 4d kann
dir helfen.

A • Ein Kind erhält einen Punkt, wenn die Augensumme eine
gerade Zahl ergibt.

• Das andere Kind erhält einen Punkt, wenn die Augensumme
eine ungerade Zahl ergibt.

B • Ein Kind erhält einen Punkt, wenn die Augensumme
durch 2 teilbar ist.

• Das andere Kind erhält einen Punkt, wenn die Augensumme
durch 5 teilbar ist.

C • Ein Kind erhält einen Punkt, wenn die Augensumme größer ist als 7.

• Das andere Kind erhält einen Punkt, wenn die Augensumme kleiner
ist als 7.

• Bei der Augensumme 7 erhalten beide Kinder einen Punkt.

7 Welchen Teil dieser Gewinnregel würdest du wählen, um eine große
Gewinnchance zu haben? Begründe.

• Ein Kind erhält einen Punkt, wenn die
Augensumme durch 4 teilbar ist.

• Das andere Kind erhält einen Punkt, wenn
die Augensumme durch 3 teilbar ist.

sicher
möglich
unmöglich

8 Du spielst mit deinem Partner nach einer Regel, bei der deine Gewinnchancen
größer sind. Ist es sicher, dass du gewinnst? Begründe.

9 Erfinde eine Gewinnregel, bei der es ...

a) ... sicher ist, dass du gewinnst.

b) ... möglich ist, dass du gewinnst.

c) ... unmöglich ist, dass du gewinnst.

10 Verändere die Regel B von Aufgabe 6 so, dass die Gewinnchancen für beide
Partner gleich groß sind.

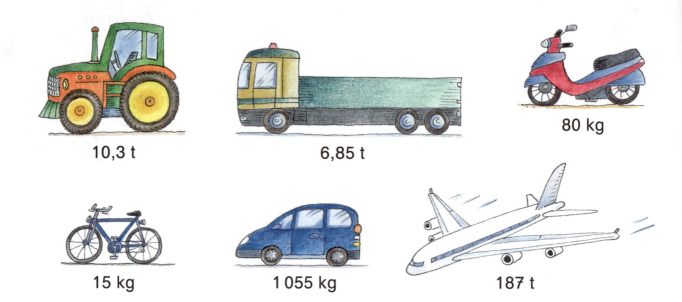

10,3 t 6,85 t 80 kg

15 kg 1 055 kg 187 t

1 Trage die Gewichte der Fahrzeuge in eine Tabelle ein.

t			kg		
1	0	3	0	0	10 300 kg

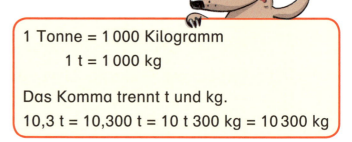

1 Tonne = 1 000 Kilogramm

1 t = 1 000 kg

Das Komma trennt t und kg.

10,3 t = 10,300 t = 10 t 300 kg = 10 300 kg

2 Ordne die Fahrzeuge nach ihrem Gewicht. Beginne mit dem leichtesten Fahrzeug.

3 Trage die Gewichtsangaben in eine Tabelle ein.

a) 1,5 t
   1,005 t
   1,05 t

b) 7,02 t
   7,2 t
   7,002 t

c) 4,009 t
   4,9 t
   4,09 t

4 Wandle um in Kilogramm.

a) 2,345 t
   9,5 t
   1,704 t

b) 12,73 t
   1,75 t
   0,9 t

c) 45 t 700 kg
   14 t 975 kg
   1 t 170 kg

d) 4 t 25 kg
   3 t 3 kg
   3 t

e) 5 t 500 kg
   5 t 50 kg
   5 t 5 kg

5 Wandle um in Tonnen.

a) 15 375 kg
   45 308 kg
   4 550 kg

b) 7 700 kg
   7 070 kg
   7 007 kg

c) 10 t 417 kg
   3 t 140 kg
   17 t 500 kg

d) 500 kg
   1 t 50 kg
   1 t 5 kg

e) 12 t 3 kg
   6 t 60 kg
   25 t 407 kg

6 Leergewicht und Gesamtgewicht
von Fahrzeugen

| Leergewicht | 11,2 t |
| Gesamtgewicht | 25 t |

| Leergewicht | 1 610 kg |
| Gesamtgewicht | 2 145 kg |

| Leergewicht | 1 055 kg |
| Gesamtgewicht | 1 420 kg |

| Leergewicht | 2 200 kg |
| Gesamtgewicht | 3 500 kg |

a) Wie schwer darf die Ladung bei den
einzelnen Fahrzeugen höchstens sein?

b) Erkundige dich bei deinen Eltern nach dem
Leergewicht und dem Gesamtgewicht eures Autos.

> Das Gewicht eines Fahrzeugs ohne Ladung ist das **Leergewicht**.
> Das Gewicht eines Fahrzeugs mit Ladung ist das **Gesamtgewicht**.

7 Berechne und ergänze die Tabelle in deinem Heft.

a)

Leergewicht	Ladung	Gesamt-gewicht
9 t 600 kg	5 t 570 kg	
8 t 310 kg		15 t 105 kg
	9 t 880 kg	27 t 300 kg

b)

Leergewicht	Ladung	Gesamt-gewicht
6,85 t	4,735 t	
11,2 t		19,645 t
	6,52 t	13,3 t

8 Darf der Autotransporter
über diese Brücke fahren?

9 Wie viele der grauen Pkws von Aufgabe 6 darf der Autotransporter höchstens
laden, damit er gerade noch über die Brücke fahren darf?

10 Belade den Autotransporter mit roten und grauen Pkws so, dass er gerade noch
über die Brücke fahren darf. Finde mehrere Möglichkeiten.

Der Elefant

Das größte Tier an Land

Größe:	4,5 m
Gewicht:	6,5 t
Nahrung pro Tag:	200 kg

Elefanten-Baby

| Größe: | 1 m |
| Gewicht: | 100 kg |

Der Blauwal

Das größte Tier der Welt

Größe:	26 m
Gewicht:	110 t
Nahrung pro Tag:	4 t

Blauwal-Baby

| Größe: | 7 m |
| Gewicht: | 2,5 t |

Der Strauß

Der größte Vogel der Welt

Größe:	2,8 m
Gewicht:	150 kg
Nahrung pro Tag:	25 kg

Straußenküken

| Größe: | 35 cm |
| Gewicht: | 800 g |

1 Vergleiche die Daten der Tiere. Welche Informationen findest du interessant?

2 Überprüfe die Aussagen der Kinder. Berichtige falsche Aussagen.

a) Ein Blauwal wiegt doppelt so viel wie ein Elefant.

b) Eine Giraffe frisst am Tag so viel wie ihr Baby wiegt.

c) Eine Anakonda ist so schwer wie ein Strauß.

d) Ein Blauwal-Baby ist so schwer wie zehn Elefanten-Babys.

e) Ein Walhai ist so schwer wie die tägliche Nahrungsmenge des Blauwals.

f) Ein Elefant frisst am Tag doppelt so viel wie sein Baby wiegt.

3 Denkt euch selbst solche Vergleiche aus. Stellt sie euren Mitschülern.

4 Ein Blauwal frisst am Tag 4 t. Für wie viele Tage reichen 4 t Futter …

a) … einem Elefanten? b) … einer Giraffe? c) … einem Strauß?

5 Wie viele Straußenküken sind so schwer wie ein Blauwal-Baby?

Die Anakonda

Die größte Schlange der Welt

Größe:	9 m
Gewicht:	150 kg
Nahrung pro Tag*	

Anakonda-Baby

Größe:	70 cm
Gewicht:	170 g

* frisst nicht jeden Tag

Der Walhai

Der größte Fisch der Welt

Größe:	18 m
Gewicht:	12 t
Nahrung pro Tag:	500 l
	Plankton

Walhai-Baby

Größe:	45 cm
Gewicht*	

* nicht bekannt

Die Giraffe

Das höchste Tier an Land

Größe:	5,5 m
Gewicht:	750 kg
Nahrung pro Tag:	80 kg

Giraffen-Baby

Größe:	2 m
Gewicht:	80 kg

6 Wie viele Walhai-Babys sind so lang wie ein Walhai?

7 Wie viele Straußenküken sind so schwer wie ein Giraffen-Baby?

8 Im Zoo leben vier Giraffen. Wie viele Kilogramm Blätter fressen sie …

a) … in einer Woche?   b) … in einem Monat?

9 Ein Pferd wiegt ungefähr 600 kg. Wie viele Pferde wiegen ungefähr genauso viel wie …

a) … ein Elefant?   b) … ein Walhai?   c) … ein Blauwal?

10 Der Gepard ist das schnellste Landtier der Welt und wiegt ungefähr 65 kg. Wie viele Geparden sind ungefähr so schwer wie …

a) … drei Strauße?   b) … eine Giraffe?   c) … zehn Anakondas?

11 Kann das stimmen?   200 Pferde sind leichter als ein Blauwal.

12 Kann das stimmen?

a) 800 Anakonda-Babys sind so schwer wie eine ausgewachsene Anakonda.
b) Alle Schüler deiner Schule sind zusammen so schwer wie ein Elefant.

$$376 : 8 = 47$$

$$320 : 8 = 40$$
$$56 : 8 = 7$$

Die größtmögliche Zahl, die ich leicht durch 8 teilen kann: 240, 320, 400?

1   Rechne halbschriftlich.

a)
$656 : 8 =$ ☐
$640 : 8 =$ ☐
$16 : 8 =$ ☐

b)
$260 : 5 =$ ☐
$250 : 5 =$ ☐
☐ $: 5 =$ ☐

c)
$285 : 3 =$ ☐
$270 : 3 =$ ☐
☐ $:$ ☐ $=$ ☐

d)
$648 : 9 =$ ☐
$630 : 9 =$ ☐
☐ $:$ ☐ $=$ ☐

2   Rechne halbschriftlich. Welche Zahl wählst du für den ersten Rechenschritt?

80   160   240   320   400   480   560   640   720   800   70   140   210   280   350   420   490   560   630   700

a) $448 : 8$ $128 : 8$ $232 : 8$ $384 : 8$ b) $371 : 7$ $574 : 7$ $315 : 7$ $161 : 7$

40   80   120   160   200   240   280   320   360   400   60   120   180   240   300   360   420   480   540   600

c) $72 : 4$ $140 : 4$ $312 : 4$ $172 : 4$ d) $318 : 6$ $576 : 6$ $168 : 6$ $270 : 6$

3   Rechne halbschriftlich. Welche Zahl wählst du für den ersten Rechenschritt?

280   320   360   360   420   480   320   400   480   210   270   300   720   810   900

a) $356 : 4$ b) $510 : 6$ c) $496 : 8$ d) $294 : 3$ e) $828 : 9$

4   Rechne halbschriftlich.

a) $535 : 5$ b) $288 : 3$ c) $945 : 9$ d) $462 : 7$ e) $188 : 4$

f) $582 : 6$ g) $752 : 8$ h) $344 : 4$ i) $819 : 9$ j) $185 : 5$

Achtung, manchmal kannst du die Hunderterzahl auch direkt teilen.

5   Durch welche Zahl wird geteilt?

a) $425 :$ ☐ $= 85$ b) $175 :$ ☐ $= 25$ c) $504 :$ ☐ $= 56$

564 : 6 =	5 640 : 6 =	56 400 : 6 =	564 000 : 6 =
540 : 6 = ___	5 400 : 6 = ___	54 000 : 6 = ___	540 000 : 6 = ___
24 : 6 = ___	240 : 6 = ___	2 400 : 6 = ___	24 000 : 6 = ___

 6 a) Vergleiche die vier Aufgaben miteinander.
Wie verändern sie sich? Beschreibe.

b) Bilde selbst solche   255 : 3   488 : 8   657 : 9   371 : 7
Aufgabenreihen und   2 550 : 3   …   …   …
rechne halbschriftlich.   25 500 : 3
                          255 000 : 3

7 Rechne halbschriftlich in möglichst wenigen Schritten.

a) 5 640 : 6 = ▢   b) 8 460 : 9 = ▢   c) 7 028 : 7 = ▢   d) 3 450 : 5 = ▢
    ――――――――   ――――――――   ――――――――   ――――――――
    5 400 : 6 = ▢   8 100 : 9 = ▢   7 000 : 7 = ▢   3 000 : 5 = ▢
      240 : 6 = ▢   ▢   : 9 = ▢   ▢   : 7 = ▢   ▢   : 5 = ▢

8 Rechne halbschriftlich in möglichst wenigen Schritten.

3 200   3 600   4 000   6 400   7 200   8 000   1 800   2 100   2 400   7 000   14 000   21 000

a) 3 840 : 4   b) 7 440 : 8   c) 2 220 : 3   d) 15 400 : 7

9 Rechne halbschriftlich.

a) 2 880 : 9   b) 3 650 : 5   c) 1 560 : 2   d) 57 600 : 8   e) 14 400 : 4

10 Welche Aufgaben kannst du noch im Kopf lösen, welche halbschriftlich?
Ordne zu und rechne.

a) 770 : 7   b) 273 : 3   c) 3 129 : 3   d) 9 999 : 9

e) 666 : 6   f) 488 : 8   g) 3 360 : 4   h) 5 500 : 5

im Kopf	schriftlich

11 Durch welche Zahl wird geteilt?

a) 6 480 : ▢ = 720   b) 5 400 : ▢ = 675   c) 3 476 : ▢ = 869

d) Welche vierstelligen Zahlen kannst du im Kopf durch 5 dividieren?
Schreibe die Aufgaben mit Ergebnis auf.

Auch für die Division gibt es ein schriftliches Verfahren.

Ausführlich:

```
4 0 4 7 : 3 = 1 3 4 9
3 0 0 0 : 3 = 1 0 0 0
1 0 4 7
    9 0 0 : 3 =   3 0 0
    1 4 7
    1 2 0 : 3 =     4 0
        2 7
        2 7 : 3 =       9
         0
```

- Ich teile zuerst 3 000 durch 3. Ich erhalte 1 000.
  1 047 bleiben übrig.

- Ich teile 900 durch 3. Ich erhalte 300.
  147 bleiben übrig.

- Ich teile 120 durch 3. Ich erhalte 40.
  27 bleiben übrig.

- 27 kann ich ohne Rest durch 3 teilen.
  Ich erhalte 9.

Das ist viel Schreibarbeit!

1 Dividiere wie im oberen Beispiel.

a) 5 664 : 3   b) 7 592 : 4   c) 7 602 : 6

Kurzform:

```
T H Z E          T H Z E
4 0 4 7 : 3 = 1 3 4 9
3
1 0
  9
  1 4
  1 2
    2 7
    2 7
     0
```

- Ich teile zuerst 3 T durch 3. Ich erhalte 1 T.
  1 T bleibt übrig. Ich nehme die H dazu ↓ 10 H.

- Ich teile 9 H durch 3. Ich erhalte 3 H.
  1 H bleibt übrig. Ich nehme die Z dazu ↓ 14 Z.

- Ich teile 12 Z durch 3. Ich erhalte 4 Z.
  2 Z bleiben übrig. Ich nehme die E dazu ↓ 27 E.

- 27 E kann ich ohne Rest durch 3 teilen.
  Das sind 9 E.

2 Vergleiche die ausführliche Form mit der Kurzform.
Was haben sie gemeinsam? Was ist anders?

3 Dividiere schriftlich.

a) 9 372 : 6   b) 8 701 : 7   c) 9 872 : 8   d) 7 336 : 4

e) 57 984 : 4   f) 76 895 : 5   g) 9 432 : 6   h) 9 583 : 7

i) 92 868 : 6   j) 5 025 : 3   k) 95 064 : 8   l) 59 388 : 3

m) 6 785 : 5   n) 62 730 : 5   o) 7 060 : 4   p) 9 695 : 7

4 Welche Fehler haben die Kinder gemacht? Erkläre.
Löse die Aufgaben richtig im Heft.

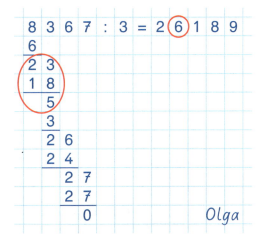

```
8 3 6 7 : 3 = 2 ⑥ 1 8 9
6
2 3
1 8
    5
    3
    2 6
    2 4
        2 7
        2 7
            0        Olga
```

```
7 7 8 5 : 5 = 1 5 5 ⑧
5
2 7
2 5
    2 8
    2 5
        3 5
        3 5
            0        Lena
```

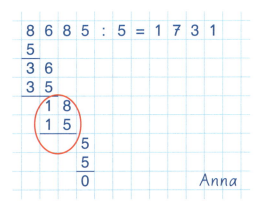

```
8 6 8 5 : 5 = 1 7 3 1
5
3 6
3 5
    1 8
    1 5
        5
        5
        0        Anna
```

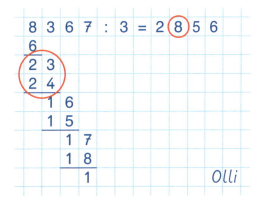

```
8 3 6 7 : 3 = 2 ⑧ 5 6
6
2 3
2 4
    1 6
    1 5
        1 7
        1 8
            1        Olli
```

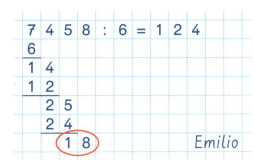

```
7 4 5 8 : 6 = 1 2 4
6
1 4
1 2
    2 5
    2 4
        1 8        Emilio
```

```
8 6 ⓪ 3 : 7 = 1 2 3
7
1 6
1 4
    2 ③
    2 1
        2        Jonas
```

... hat vergessen zu subtrahieren.

... hat sich beim Teilen verrechnet.

... hat eine zu große Zahl geteilt.

... hat nicht die größtmögliche Zahl gewählt.

... hat nicht zu Ende gerechnet.

... hat die Null nicht beachtet.

> Die 3 Tausender kann ich nicht durch 5 teilen.
> Ich nehme die 7 Hunderter dazu, das sind 37 Hunderter.
> Ich suche die größtmögliche Zahl, die ich leicht
> durch 5 teilen kann. Das ist die 35.

> Ich kontrolliere mit der Probe. Dazu rechne ich die Malaufgabe.

```
3 7 6 0 : 5 = 7 5 2
3 5
  2 6
  2 5        Probe:
    1 0       7 5 2 · 5
    1 0         3 7 6 0
      0
```

---

1 Dividiere schriftlich.

Welche Zahl wählst du für den ersten Rechenschritt?

| 40 | 45 | 50 | | 56 | 64 | 72 | | 32 | 36 | 40 |

a) 4 680 : 5   b) 6 528 : 8   c) 3 584 : 4

| 30 | 36 | 42 | | 9 | 18 | 27 | | 42 | 49 | 56 |

d) 3 948 : 6   e) 1 935 : 9   f) 4 571 : 7

---

2 Dividiere schriftlich. Kontrolliere mit der Probe.

a) 2 584 : 4   b) 5 550 : 6   c) 4 578 : 7   d) 7 496 : 8

e) 11 304 : 9   f) 39 275 : 5   g) 22 782 : 3   h) 69 867 : 7

i) 155 376 : 6   j) 327 708 : 9   k) 349 528 : 4   l) 601 352 : 8

---

3 Dividiere schriftlich.

a) 1 737 : 3   b) 6 175 : 5   c) 4 626 : 9   d) 9 975 : 7

e) 26 756 : 4   f) 91 872 : 8   g) 85 626 : 6   h) 66 880 : 5

i) 120 722 : 7   j) 154 780 : 4   k) 536 688 : 3   l) 826 785 : 5

> Achtung, manchmal kannst du die 1. Ziffer auch direkt teilen.

---

4 Welche Ziffern fehlen?

a) 23 ▢ 5 : ▢ = 465   b) 4 ▢ ▢ 6 : 6 = 81 ▢

c) 2 ▢ 34 : 3 = 67 ▢   d) 2 072 : ▢ = 2 ▢ 9

5 Vergleiche die beiden Lösungen. Eine Aufgabe ist falsch gelöst.
Welcher Fehler wurde gemacht?

Olli:
```
3 6 3 2 : 4 = 9 0 8
3 6
  0 3
    0        Probe:
    3 2      9 0 8 · 4
    3 2
      0
```

Anna:
```
3 6 3 2 : 4 = 9 8
3 6
  0 3 2
    3 2      Probe:
      0      9 8 · 4
```

6 Dividiere schriftlich. Achte auf die Nullen. Kontrolliere mit der Probe.

a) 3 530 : 5   b) 9 648 : 8   c) 23 292 : 4   d) 76 242 : 6

e) 45 558 : 9   f) 330 360 : 5   g) 526 581 : 3   h) 772 317 : 7

7 Aufgaben mit Rest: Rechne. Kontrolliere mit der Probe.

```
2 5 3 5 : 9 = 2 8 1 R 6
1 8
  7 3
  7 2        Probe:
    1 5       2 8 1 · 9
     9        2 5 2 9
     6
          2 5 2 9 + 6 = 2 5 3 5
```

Der Rest wird hinter dem Ergebnis notiert.

a) 5 863 : 9   b) 2 158 : 7   c) 45 206 : 8   d) 10 706 : 3

e) 32 918 : 6   f) 218 329 : 9   g) 406 456 : 7   h) 250 973 : 5

12   24   36   48   60   72   84   96   108   120

Ich schreibe mir die Ergebnisse der Zwölfer-Reihe auf, das hilft.

8 Dividiere schriftlich.

a) 2 808 : 12   b) 4 140 : 12

c) 6 900 : 20   d) 8 760 : 20

e) 4 335 : 15   f) 5 175 : 15

g) 3 795 : 11   h) 9 075 : 11

i) 8 625 : 25   j) 3 550 : 25

a)
```
2 8 0 8 : 1 2 = 2 3 4
2 4
  4 0          Probe:
  3 6          2 3 4 · 1 2
    4 8          2 3 4 0
    4 8            4 6 8
      0              1
                 2 8 0 8
```

1 Bist du auch Jettes Meinung?

Hat Ali recht? Was kostet das Notebook, wenn man in Raten zahlt?

2 Berechne den Unterschied zwischen Ratenzahlung und Barzahlung.

Waschmaschine: 495 €

46,40 € in 12 Raten

```
4 6 4 0 · 1 2
    4 6 4 0 0
      9 2 8 0
    1
    5 5 6 8 0
```

5 5 6 8 0 c t = 5 5 6 , 8 0 €

5 5 6 , 8 0 € − 4 9 5 , 0 0 € = 6 1 , 8 0 €

Spielkonsole: 299 €

14,06 € in 24 Raten

Smartphone: 679 €

36,40 € in 24 Raten

Fernseher: 798 €

49,43 € in 18 Raten

3 Wandle um in Cent und rechne. Gib das Ergebnis in Euro an.

a) 5,45 € · 7
6,38 € · 4
8,19 € · 5

b) 9 · 12,68 €
8 · 36,29 €
6 · 30,76 €

c) 63,50 € : 5
53,07 € : 3
84,12 € : 4

d) 521,92 € : 8
245,70 € : 9
537,36 € : 6

4 Bei welchem Angebot zahlst du pro Teil am wenigsten?

a) **Angebot A:** 8 Hefte für 3,29 €
Angebot B: 5 Hefte für 1,99 €

b) **Angebot A:** 12 Bleistifte für 2,76 €
Angebot B: 8 Bleistifte für 2,08 €

Sponsorenlauf

An Jettes und Justus' Schule fand ein Sponsorenlauf statt. Jedes Kind lief dabei so viele 300-m-Runden auf dem Schulhof wie möglich. Für jede gelaufene Runde bekam die Schule einen Geldbetrag von Sponsoren. Dies waren Firmen und Geschäfte aus dem Ort, aber auch Angehörige der Kinder.

1 Olga ist 7 Runden gelaufen. Dafür erhielt die Schule 31,50 € von Olgas Großeltern. Wie viel Geld haben die Großeltern für eine Runde gesponsert?

Wandle um in Cent und rechne. Gib das Ergebnis in Euro an. Kontrolliere mit der Probe.

2 Justus hatte eine Buchhandlung als Sponsor. Er hat 8 Runden geschafft und damit 44,00 € erlaufen. Wie viel Geld hat die Buchhandlung für eine Runde gesponsert?

3 Jette hat 9 Runden geschafft. Sie hatte zwei Firmen als Sponsoren. Die eine Firma zahlt ihr 103,50 €. Insgesamt hat Jette 189 € erlaufen. Wie viel Geld zahlte jede Firma pro Runde?

4 Jana ist 6 Runden auf dem Schulhof gelaufen. Für jede Runde gab es von der Bäckerei „Sonnenblume" 7,25 €. Welchen Betrag hat Jana für die Schule erlaufen?

Überprüfe: Passt deine Antwort zur Frage?

5 Ali, Kim und Tobi werden vom Autohaus „Schneller Blitz" gesponsert. Sie haben 6 € pro Runde erhalten. Das Autohaus hat insgesamt 144 € gezahlt. Wie viele Runden ist jedes Kind gelaufen, wenn alle gleich viele Runden gelaufen sind?

6 Die Schule hat durch den Sponsorenlauf insgesamt 5 055 € gesammelt. Das Geld soll zu gleichen Anteilen für die Errichtung eines Schulgartens, für neue Pausenhofspiele und die Anschaffung von Fahrradständern verwendet werden. Wie viel Geld steht für jeden der drei Wünsche zur Verfügung?

7   Kann das stimmen?

Beim Sponsorenlauf wurden insgesamt 900 km gelaufen.

1 **Geld ausgeben**

Tim hat 22 **5**-Cent-Münzen, Charlotte hat 18 **10**-Cent-
Münzen. Stell dir Folgendes vor: Tim gibt jeden Tag
5 Cent aus und Charlotte **10** Cent.
Am wievielten Tag hätte Tim mehr Geld als Charlotte?

a) Versuche zuerst alleine eine Lösung zu finden.
Wenn du nicht weiter weißt, dann schau dir die Tipps an.

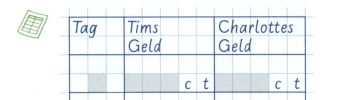

b) Stell dir vor: Jedes Kind gibt pro Tag zwei Münzen aus.
Am wievielten Tag hat Tim dann mehr Geld als Charlotte?

2 **Bahnverkehr**

Auf einem Bahnhof fahren zur gleichen Zeit zwei Züge ab.
Sie fahren in entgegengesetzte Richtungen. Der Intercity fährt pro Stunde
durchschnittlich 160 km, der Regional-Express fährt pro Stunde 90 km.
Wie weit sind die Züge nach 2 Stunden und 30 Minuten voneinander entfernt?

Eine Skizze kann dir helfen.

3 **Wettlauf**

Anna und Marie laufen um die Wette. In der Zeit, in der Anna 100 m läuft,
schafft Marie 75 m. Anna gibt Marie 100 m Vorsprung.
Nach wie vielen Metern hat Anna Marie eingeholt?

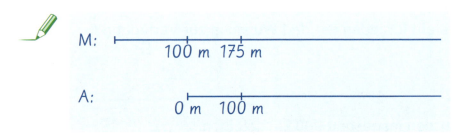

4 Ein Treffen mit den Rädern

Simon und Alex wohnen 36 km voneinander entfernt.
In den Ferien wollen sich die beiden Jungen treffen.
Sie starten zur selben Zeit und kommen sich entgegen.
Nach einer Stunde sind sie noch 12 km voneinander
entfernt. Alex ist in dieser Zeit 14 km geradelt.
Wie viele km ist Simon in einer Stunde gefahren?

Alex

36 km

5 Schulweg

Leo und seine kleine Schwester Maren gehen in
dieselbe Grundschule. Ihr Schulweg ist 750 m lang.
An diesem Morgen trödelt Leo beim Frühstück.
Maren geht schon einmal los. Vier Minuten später
verlässt Leo das Haus und folgt Maren mit Riesen-
schritten. Während Maren in einer Minute durchschnittlich 50 m zurücklegt, schafft Leo in einer Minute 75 m.
Nach wie vielen Minuten holt Leo seine Schwester ein?

 a) Schreibe die Informationen heraus, die du zum Rechnen brauchst.

 b) Löse die Aufgabe.

c) Stell dir vor: Leo rennt 8 Minuten nach Maren aus dem Haus los.
Er legt in einer Minute durchschnittlich 90 m zurück.
Kann er seine Schwester noch einholen?

6 Lauftraining

Felix aus dem 4. Schuljahr und Marco aus dem 2. Schuljahr trainieren auf der
400-Meter-Bahn rund um den Sportplatz. Beide Jungen laufen zur selben Zeit
los. In der Zeit, in der Felix 100 m läuft, schafft Marco 50 m.
Nach wie vielen Metern hat Felix Marco wieder eingeholt?

7 Sackhüpfen

Ali und sein Vater treten beim Sackhüpfen gegeneinander an. Ali schafft
in 2 Sekunden einen Sprung von 40 cm. Sein Vater schafft hingegen
in 3 Sekunden einen Sprung von 50 cm. Das Ziel ist 8 m entfernt.
Wer ist zuerst im Ziel?

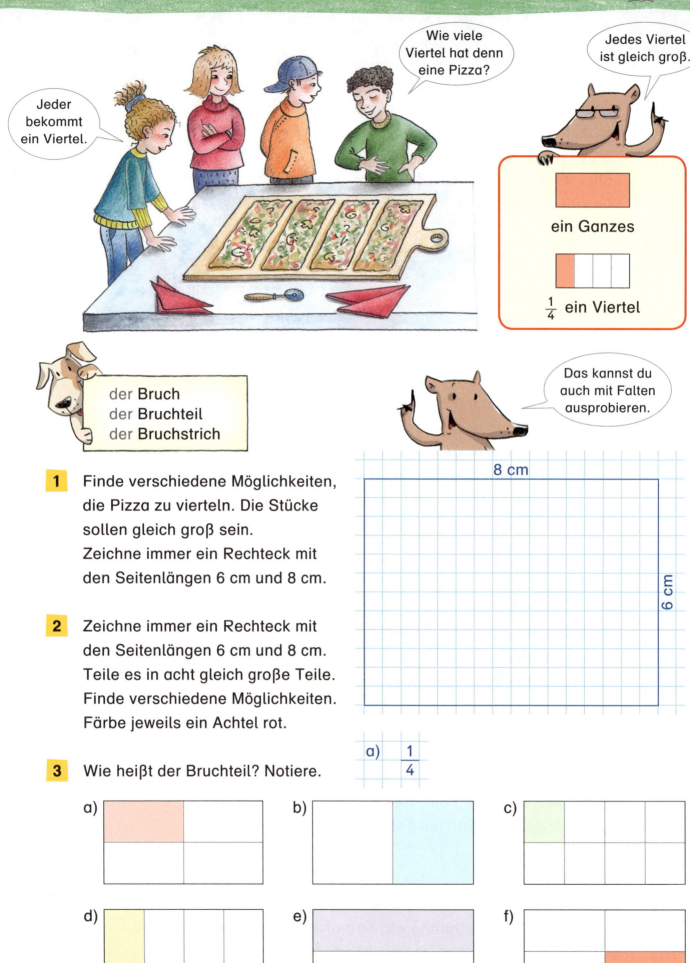

Jeder bekommt ein Viertel.

Wie viele Viertel hat denn eine Pizza?

Jedes Viertel ist gleich groß.

ein Ganzes

$\frac{1}{4}$ ein Viertel

der **Bruch**
der **Bruchteil**
der **Bruchstrich**

Das kannst du auch mit Falten ausprobieren.

1 Finde verschiedene Möglichkeiten, die Pizza zu vierteln. Die Stücke sollen gleich groß sein. Zeichne immer ein Rechteck mit den Seitenlängen 6 cm und 8 cm.

8 cm

6 cm

2 Zeichne immer ein Rechteck mit den Seitenlängen 6 cm und 8 cm. Teile es in acht gleich große Teile. Finde verschiedene Möglichkeiten. Färbe jeweils ein Achtel rot.

a) $\frac{1}{4}$

3 Wie heißt der Bruchteil? Notiere.

a)

b)

c)

d)

e)

f)

➡ Beilage zum Schülerbuch: Bruchteile

4 Gib die gefärbten Bruchteile als Brüche an.

a) $\frac{3}{4}$

$\frac{4}{4}$ sind ein Ganzes!

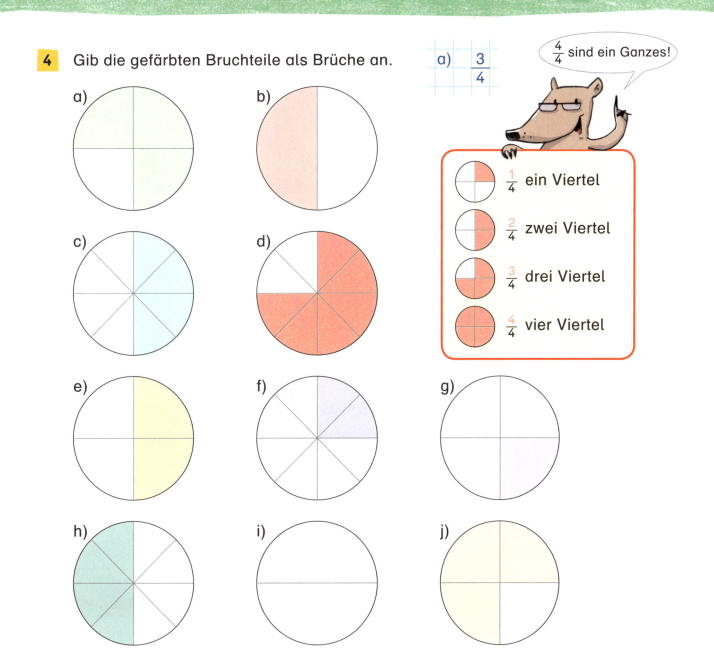

$\frac{1}{4}$ ein Viertel

$\frac{2}{4}$ zwei Viertel

$\frac{3}{4}$ drei Viertel

$\frac{4}{4}$ vier Viertel

Welche Brüche sind gleich groß?

Wie musst du die Pizzas aufteilen, damit du sie gerecht an die Kinder verteilen kannst? Zeichne in dein Heft.

5

6

7

Fassungsvermögen

Teetasse	Milch	Teelöffel	Eimer	Malzbier	Babyflasche	Badewanne
1 l	250 ml	150 ml	140 l	5 ml	500 ml	10 l

1 Ordne zu und notiere. 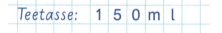 Teetasse: 1 5 0 m l

2 Bringt Gefäße mit und ordnet sie nach ihrem Fassungsvermögen.
Überprüft anschließend mit dem Messbecher.

3 Übertrage die Tabelle, trage ein und schreibe als Kommazahl.

a) 2 l 500 ml
2 l 50 ml
2 l 5 ml

b) 5 l
7 l 65 ml
12 l 10 ml

c) 750 ml
50 ml
1 ml

„Mille" bedeutet 1000.

l			ml			
		2	5	0	0	2,500 l

Flüssigkeitsmengen werden in
Liter und Milliliter gemessen.

1 Liter = 1 000 Milliliter
1 l = 1 000 ml

4 Wandle um. a) 3 l 1 9 0 m l = 3,1 9 0 l = 3 1 9 0 m l

a) 3 l 190 ml
14 l 375 ml
1 l 903 ml

b) 1 450 ml
5 047 ml
700 ml

c) 1,5 l
0,75 l
0,33 l

d) 3 l 107 ml
3 l 17 ml
3 l 1 ml

5 Stell dir vor, du stehst an einem Brunnen. Du hast zwei Eimer:
In den einen Eimer passen 3 Liter Wasser und in den anderen 5 Liter.
Wie kannst du damit genau 4 Liter Wasser abmessen? Notiere.

6 Wie viele Milliliter sind es?

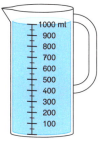

ein Liter

$1\,l = \boxed{}\,ml$

ein halber Liter

$\frac{1}{2}\,l = \boxed{}\,ml$

ein Viertelliter

$\frac{1}{4}\,l = \boxed{}\,ml$

ein Dreiviertelliter

$\frac{3}{4}\,l = \boxed{}\,ml$

ein Achtelliter

$\frac{1}{8}\,l = \boxed{}\,ml$

7 Schreibe in dein Heft und setze richtig ein: $>$, $<$, $=$

a) $725\,ml \bigcirc \frac{3}{4}\,l$

b) $1\,001\,ml \bigcirc 1\,l$

c) $1\,\frac{1}{2}\,l \bigcirc 2\,000\,ml$

d) $500\,ml \bigcirc \frac{1}{2}\,l$

e) $275\,ml \bigcirc \frac{1}{4}\,l$

f) $1\,\frac{1}{8}\,l \bigcirc 1\,125\,ml$

8 In einer Flasche Limonade sind 750 ml. Wie viele Milliliter sind in jedem Becher, wenn du die 750 ml auf ...

a) ... 3 Becher verteilst?

b) ... 5 Becher verteilst?

c) ... 6 Becher verteilst?

d) ... 10 Becher verteilst?

9 Wie viele Becher kannst du mit 1 l Orangensaft füllen, wenn in jeden Becher ...

a) ... $\frac{1}{4}\,l$ passt?

b) ... $\frac{1}{8}\,l$ passt?

c) ... 200 ml passen?

d) ... 100 ml passen?

10 a) Welches Fassungsvermögen sollte das Gefäß haben, in dem die Bowle zubereitet wird?

b) Reicht die Menge aus dem Rezept für eure Klasse, wenn jedes Kind ein Glas mit 200 ml bekommen soll?

c) Die Kinderbowle soll beim Schulfest angeboten werden. Wie viel wird von jeder Zutat benötigt, wenn die Schule von 162 Kindern besucht wird und jedes Kind ein Glas mit 200 ml bekommen soll?

Kinderbowle
- *300 ml Kirschsirup*
- *300 ml Waldmeistersirup*
- *4 Flaschen kaltes Mineralwasser (je 0,75 l)*
- *Saft einer halben Limette*

11 Berechne die Rezeptangaben der Bowle für sechs Kinder. Jedes Kind soll 0,2 l (0,4 l) Bowle bekommen.

Durchschnittlicher täglicher Wasserverbrauch einer Person

Körperpflege: 12 l   Duschen / Baden: 45 l   Toilette: 44 l   Wäsche waschen: 19 l

Putzen /
Sauber machen: 7 l   Kochen / Trinken: 6 l   Geschirr spülen: 10 l   Sonstiges wie
Blumen gießen: 2 l

1 Berechne den durchschnittlichen Wasserverbrauch einer Person …

a) … an einem Tag.   b) … in einer Woche.
c) … in einem Monat.   d) … in einem Jahr.

2 Susi putzt ihre Zähne dreimal täglich 3 Minuten lang bei fließendem Wasser.
Während dieser Zeit laufen in jeder Minute 12 l Wasser aus dem Wasserhahn.
Tom putzt seine Zähne auch dreimal täglich. Er dreht aber bei jedem Putzen
den Wasserhahn nur zweimal für 15 Sekunden auf.

Wie viel Wasser spart Tom …   a) … an einem Tag?   b) … in einer Woche?
c) … in einem Monat?   d) … in einem Jahr?

3 In der Regentonne sind 240 l Wasser. Jana muss ihre Gießkanne dreimal füllen,
um die Blumen auf der Terrasse zu gießen. Die Gießkanne fasst 5 l.
Wie oft könnte Jana die Blumen auf der Terrasse mit dem Inhalt der Tonne gießen?

4 Durch das Tropfen eines Wasserhahns gehen in der Minute
8 ml Wasser verloren. Wie viele Milliliter oder Liter sind das …

Überlege, wie
du Wasser sparen
kannst.

a) … in einer Stunde?   b) … an einem Tag?
c) … in einer Woche?   d) … in einem Monat?

Wasser – ein wichtiges Lebensmittel

Grundschulkinder sollten täglich ungefähr 2 l Wasser zu sich nehmen: Sie sollten etwa 1,2 l Wasser trinken, den Rest sollten sie über ihre Nahrung aufnehmen.

Aus der Liste kannst du entnehmen, wie viel Wasser diese Lebensmittel enthalten.

Lebensmittel	Wassergehalt
1 kg Äpfel	850 ml
1 kg Bananen	740 ml
1 kg Erdbeeren	890 ml
1 kg Gurken	960 ml
1 kg Karotten	860 ml
1 kg Kohlrabi	900 ml
1 kg Brot	450 ml
1 kg Salami	280 ml
1 kg Käse	490 ml

 1 a) Berechnet den Wassergehalt in ml. Notiert euren Rechenweg.

500 g Äpfel	500 g Brot
250 g Kohlrabi	250 g Gurken
200 g Karotten	125 g Salami
100 g Käse	750 g Bananen

b) Vergleicht eure Rechenwege.

2 Neben Leitungswasser, Mineralwasser und ungesüßten Tees sind auch Saftschorlen aus einem Teil Fruchtsaft und zwei Teilen Wasser als Getränke geeignet. Aber leider ist Saft nicht gleich Saft!

Getränke	Fruchtsaftanteile
1 l Apfelfruchtsaft	1000 ml
1 l Birnendirektsaft	1000 ml
1 l Orangenfruchtnektar	500 ml
1 l Aprikosenfruchtnektar	400 ml
1 l Johannisbeerfruchtnektar	250 ml
1 l Maracujafruchtsaftgetränk	100 ml
1 l Zitrusfruchtsaftgetränk	60 ml

Bei den restlichen Anteilen handelt es sich überwiegend um Zuckerwasser!

a) Lies aus der Tabelle ab, wie viele Milliliter Fruchtsaft die Getränke tatsächlich enthalten. Erstelle ein passendes Diagramm.

 b) Vergleicht eure Diagramme. Findet ihr auch eine Möglichkeit das Verhältnis von Fruchtsaft und Zuckerwasser darzustellen?

3 Schreibe einen Tag lang auf, wie viel du trinkst.

4 Robin hat einen Tag lang notiert, wie viel er getrunken hat und wie viel Obst und Gemüse er gegessen hat. Hat Robin an diesem Tag ausreichend Wasser zu sich genommen? Begründe.

Ein Apfel und eine Karotte wiegen ungefähr je 150 g.

2 Tassen Tee,
200 g Erdbeeren,
1 Glas Saftschorle,
300 ml Mineralwasser,
2 Karotten,
1 Apfel

AH S. 66, 67

Rauminhalt

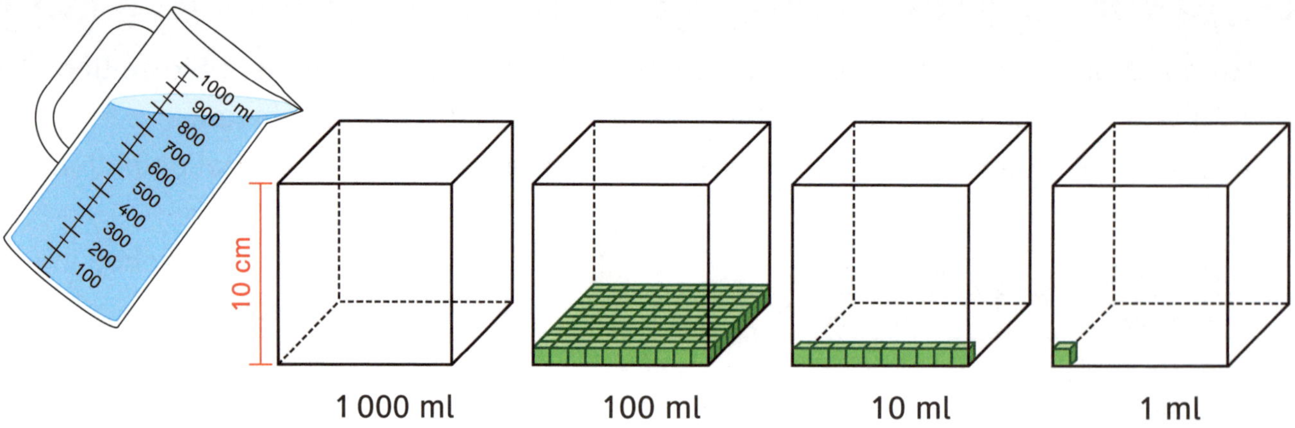
1000 ml
900
800
700
600
500
400
300
200
100
10 cm
1 000 ml
100 ml
10 ml
1 ml

Ein Würfel mit der Kantenlänge 10 cm fasst genau 1 l.

Ein Würfel mit der Kantenlänge 1 cm fasst genau 1 ml.

1 Wie viele Zentimeterwürfel passen in diese Körper? Wie viele Milliliter sind das?

a)

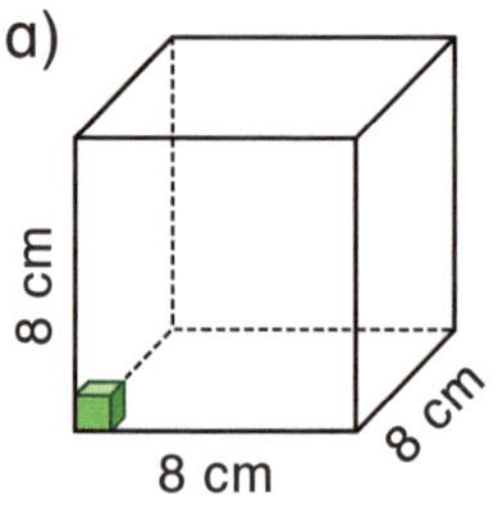
8 cm
8 cm
8 cm

b)

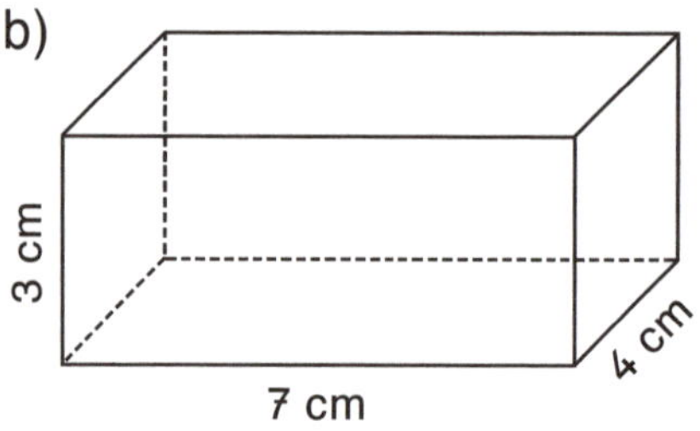
3 cm
7 cm
4 cm

c)

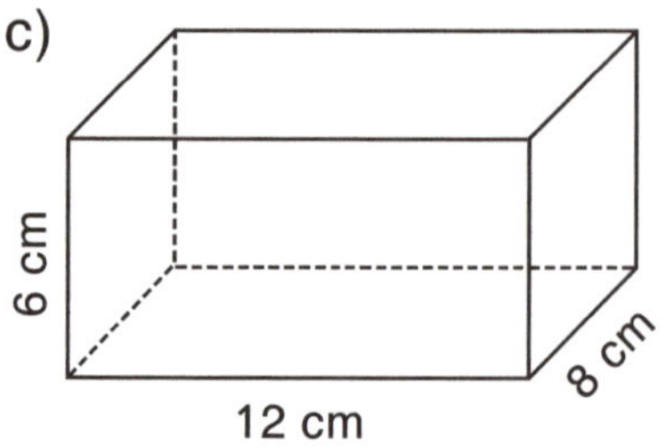
6 cm
12 cm
8 cm

a) 8 · 8 · 8 = ____

Es passen ... Zentimeterwürfel in den Körper hinein. Das sind ... ml.

2 Wie viele Liter Wasser passen in diese Körper?

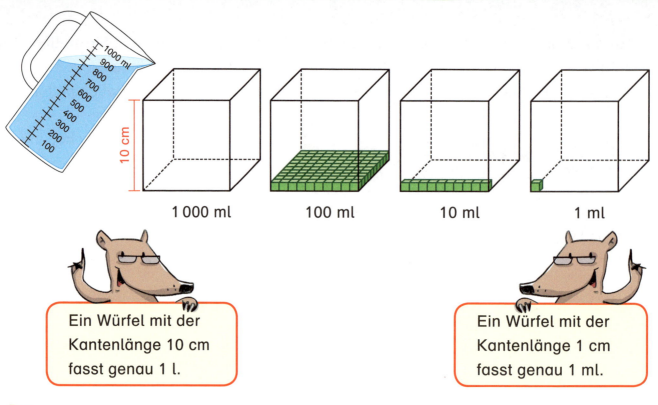

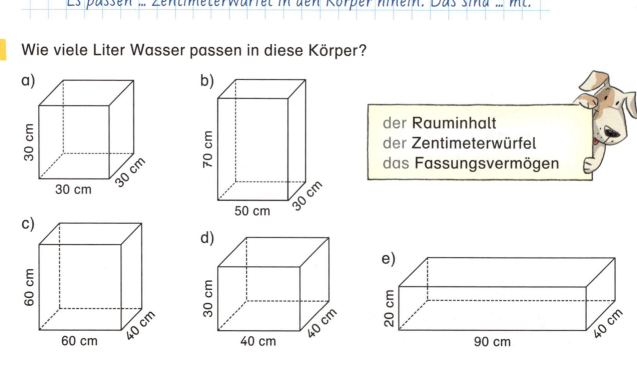

a)

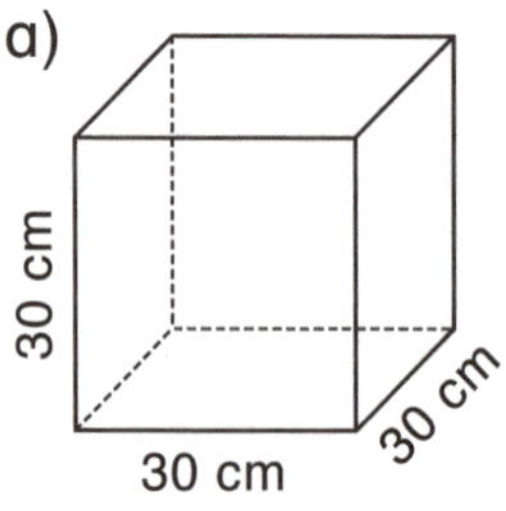
30 cm
30 cm
30 cm

b)

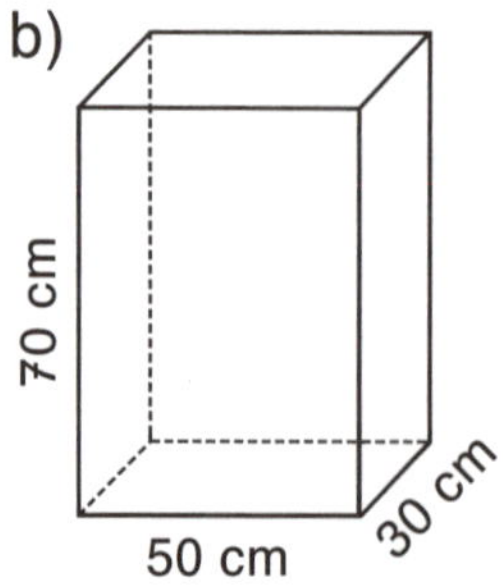
70 cm
50 cm
30 cm

der Rauminhalt
der Zentimeterwürfel
das Fassungsvermögen

c)

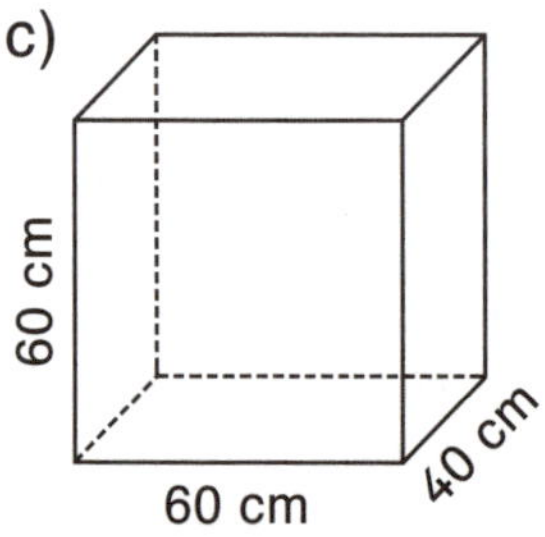
60 cm
60 cm
40 cm

d)

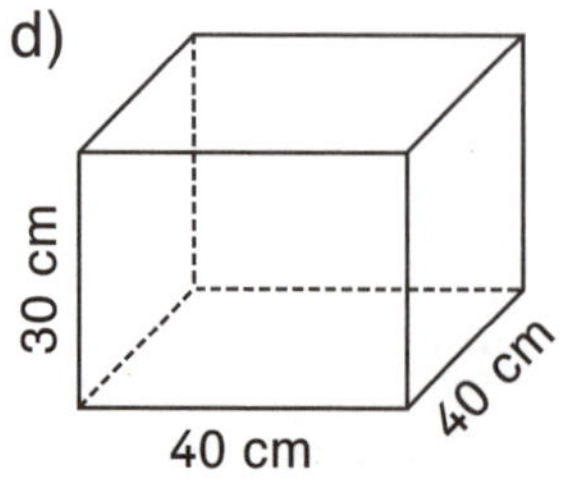
30 cm
40 cm
40 cm

e)

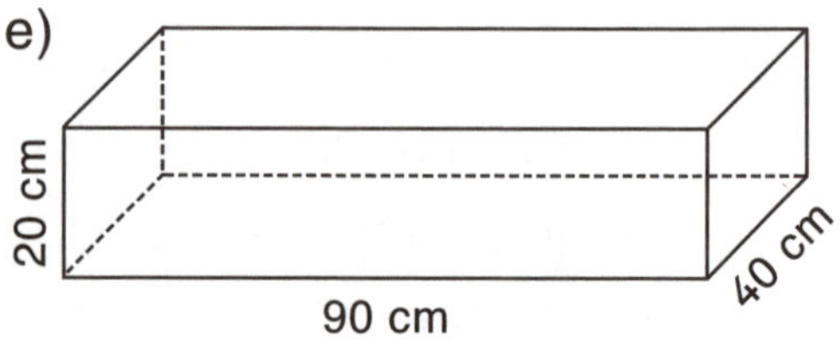
20 cm
90 cm
40 cm

3 Lukas möchte diesen Würfel mit Wasser füllen.
Er hat einen Messbecher, in den ein Liter passt.
Wie oft muss er seinen Messbecher mit Wasser füllen?

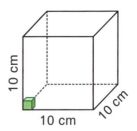

4 Timo und Olli wollen diesen Würfel mit Wasser füllen.
Jeder hat einen Messbecher, in den ein Liter passt.
Wie oft müsste jeder der beiden Jungen seinen
Messbecher mit Wasser füllen?

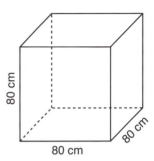

5 Dieses Gefäß ist mit Wasser gefüllt.
Pia überlegt sich: „Ich möchte dieses Gefäß
mit einem Teelöffel auslöffeln. Wie oft
müsste ich löffeln, wenn auf einen
Teelöffel 5 ml passen?

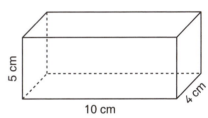

 6 a) Vermutet: Welcher dieser beiden Körper fasst mehr Wasser?

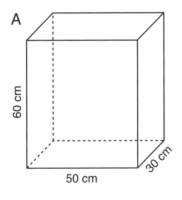

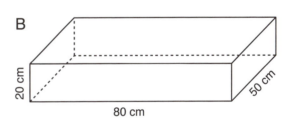

b) Kontrolliert eure Vermutung. Rechnet.

c) Kim und Noemi wollen diese Quader mit Wasser
füllen.
Kim füllt Quader A mit einem Eimer, der 5 l fasst.
Noemi füllt Quader B mit einer Kanne, die 4 l fasst.
Welches der Mädchen muss seinen Behälter
öfter füllen?

7 a) In einen Quader passen genau 160 ml Wasser.
Gib passende Maße für den Quader an.

 b) Vergleiche mit einem Partner.
Sind eure Körper gleich?

Millionen-Fragen

Wie lange brauchst du, um von 1 bis 1 Million zu zählen?

Das schaffe ich an einem Tag.

Um bis 100 zu zählen, brauche ich ungefähr 90 Sekunden. Das habe ich schon mal ausprobiert.

Muss man da nicht mal eine Pause machen?

1 Was meinst du dazu?
Kann Jette recht haben?

2 Justus schlägt vor, zur Lösung die folgende Schließtabelle zu verwenden.

1 bis 100	1 bis 1 000	1 bis 10 000	1 bis 100 000	1 bis 100 000 000
90 s	900 s	▨	▨	▨

a) Was meinst du dazu?

b) Wie würdet ihr vorgehen?
Notiert eure Überlegungen und begründet sie.

c) Stellt eure Lösung der Klasse vor.

Dreihundertsechsundfünzig**tausend**siebenhunderteinunddreißig

3 Kennst du dich mit den Größen aus?
Übertrage die Listen in dein Heft und ergänze.
Kontrolliere anschließend mit dem Mathe-Lexikon auf den Seiten 132 und 133.

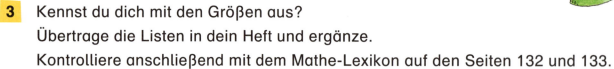

Zeit

1 min	= ▨	s
1 h	= ▨	min
1 Tag	= ▨	h
1 Monat	= ▨	Tage
	= ▨	Wochen
1 Jahr	= ▨	Tage
	= ▨	Wochen
	= ▨	Monate

Längen

1 cm	= ▨	mm
1 m	= ▨	cm
1 km	= ▨	m

Gewichte

1 kg	= ▨	g
1 t	= ▨	kg

Hohlmaße

1 l	= ▨	ml
$\frac{1}{2}$ l	= ▨	ml
$\frac{1}{4}$ l	= ▨	ml
$\frac{1}{8}$ l	= ▨	ml

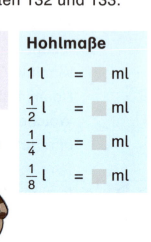

Das sind die Grundlagen für Aufgabe 4.

4 a) Wählt gemeinsam eine Frage aus.

b) Überlegt und notiert:

Das weiß ich schon …   *Diese Informationen brauche ich noch …*

c) Überlegt, wo oder wie ihr die fehlenden Informationen finden könnt.
Teilt die Arbeit unter euch auf.

d) Notiert eure Überlegungen zur Lösung und begründet sie.

e) Stellt eure Lösung der Klasse vor.

Kann man 1 Million Cent-Stücke in dem Kofferraum eines Kleinwagens zur Bank fahren, wenn der Wagen mit maximal 500 kg beladen werden darf?

Kann ein Mensch 1 Million Tage leben?

Passen 1 Million Tischtennisbälle in ein 25-m-Schwimmbecken?

Wie lang müsste ein Zahlenstrahl sein, auf dem es für jede Zahl von 0 bis 1 000 000 einen Strich gibt?

Lebst du schon 1 Million Minuten?

Wie hoch wäre ein Turm aus 1 Million Bausteinen?

Erfinde eine eigene Millionen-Frage und stelle sie der Klasse vor.

Taschenrechner

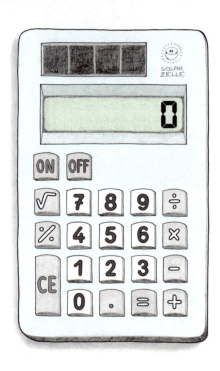

1 Suche diese Tasten auf deinem Taschenrechner.

ON einschalten

OFF ausschalten

CE löschen (clear/empty)

. Komma

addieren

subtrahieren

multiplizieren

dividieren

Gleichheitszeichen

 2 Rechne mit dem Taschenrechner.
Notiere die Ergebnisse und vergleiche mit einem Partner.

a) 120 · 7
140 · 3
1 250 · 5
1 500 · 6

b) 120 − 3
1 400 − 600
300 − 170
2 000 − 1 100

c) 480 : 2
999 : 3
660 : 4
995 : 5

d) Finde weitere Aufgaben.

3 Kann dein Taschenrechner auch diese Aufgaben lösen?

a) 170 − 300
b) 1 100 − 2 000
c) 997 : 5
d) 100 : 3

4 Probiere: Welches ist die höchste Zahl, die du eingeben kannst? Notiere.

5 Du darfst nur die folgenden Tasten benutzen:
Versuche, diese Zahlen zu erreichen.

a) 99
b) 109
c) 121
d) 990
e) 890

6 Du darfst nur die folgenden Tasten benutzen:
Versuche, diese Zahlen zu erreichen.

a) 1 909
b) 2 199
c) 8 008

7 Bilde zwei dreistellige Zahlen aus den Ziffern 1, 2, 3, 4, 5, 6, 7, 8, 9.
Multipliziere die beiden Zahlen.
Versuche, möglichst nah an die Zahl 100 000 heranzukommen.

8 Kopfrechnen gegen Taschenrechner

Einer von euch rechnet mit dem Taschenrechner, der andere im Kopf.

Notiert beide nur die Ergebnisse. Wer hat das Päckchen schneller ausgerechnet?

Tauscht bei Aufgabe b) die Rollen.

a)
$3\,000 + 4\,000 + 2\,000$
$8\,000 - 800 - 80 - 8$
$100 \cdot 30$
$8\,000 : 10$
$364 : 7$
$345 + 534$

b)
$4 \cdot 25$
$132 + 213$
$3\,800 : 10$
$3\,000 - 300 - 30 - 3$
$5\,000 + 3\,000 + 1\,000$
$546 : 6$

9 Welche Aufgaben rechnest du im Kopf und welche mit dem Taschenrechner?

Notiere die Ergebnisse in einer Tabelle.

a) $3\,000 + 4\,500$ b) $63\,000 - 5\,000$
c) $3\,879 + 4\,983$ d) $45\,683 - 3\,241$
e) $1\,200 \cdot 60$ f) $300\,000 : 300$
g) $5\,879 \cdot 23$ h) $4\,458 : 6$
i) $6\,400 : 800$ j) $4\,231 \cdot 20$

	im Kopf	Taschenrechner
a)	7 5 0 0	

10 Beherrscht dein Taschenrechner die Regel „Punkt vor Strich"?

Überprüfe zunächst allein und vergleiche anschließend die Ergebnisse

mit den Kindern aus deiner Gruppe.

a) $9 \cdot 8 + 13$ b) $400 + 200 \cdot 3$ c) $40 \cdot 5 + 30 \cdot 6$
  $90 \cdot 7 + 40$ $380 + 25 \cdot 4$ $50 \cdot 5 - 30 \cdot 6$
  $73 \cdot 8 - 35$ $2\,000 - 500 \cdot 4$ $300 - 280 : 70$

11 Wörter schreiben mit dem Taschenrechner

a) Probiere: Welche Ziffern musst du
   eingeben, um diese Wörter zu schreiben?

b) Welche Ziffern ergeben umgedreht Buchstaben?
   Erstelle eine Liste.   0: O
                           1:

Ziffern auf den Kopf gestellt!

c) Erfinde Rätselaufgaben für
   deine Mitschüler: Bilde aus den

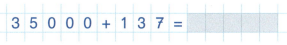

$35\,000 + 137 =$ [   ]

   Buchstaben deiner Liste ein Wort und notiere die passende Zahl.

   Denke dir nun eine Aufgabe aus, die diese Zahl als Ergebnis hat.

Rechenkünstler

Karl Friedrich Gauß.

🔍 Gauß

Dieses Bild zeigt Carl Friedrich Gauß.
Er war ein berühmter deutscher Mathematiker.
Als Sohn armer Eltern wurde er am 30. April 1777
in Braunschweig geboren.
Als er 10 Jahre alt war, stellte sein Lehrer den
Kindern seiner Klasse eine schwierige Aufgabe:
Berechnet die Summe aller Zahlen von 1 bis 100.

Der Lehrer glaubte, dass die Kinder für diese
Aufgabe sehr viel Zeit benötigen. Aber schon nach
ganz kurzer Zeit legte Carl Friedrich seine Schiefer-
tafel mit dem richtigen Ergebnis auf den Tisch.

1	2	3	4	5	6	7	8	9	10
11	12	13	14	15	16	17	18	19	20
21	22	23	24	25	26	27	28	29	30
31	32	33	34	35	36	37	38	39	40
41	42	43	44	45	46	47	48	49	50
51	52	53	54	55	56	57	58	59	60
61	62	63	64	65	66	67	68	69	70
71	72	73	74	75	76	77	78	79	80
81	82	83	84	85	86	87	88	89	90
91	92	93	94	95	96	97	98	99	100

Die Hundertertafel kann dir helfen!

1 Wie könnte Carl Friedrich Gauß gerechnet haben?
Berechne die Summe aller Zahlen von 1 bis 100. Finde einen geschickten
Rechenweg. Schreibe auf, wie du vorgegangen bist.

2 Stellt eure Lösungen und Lösungswege in der Gruppe vor.
Entscheidet euch in der Gruppe für einen geschickten Lösungsweg
und erstellt ein Plakat.

3 Rechne geschickt.

a) Berechne die Summe aller ungeraden Zahlen in der Hundertertafel.
b) Berechne die Summe aller geraden Zahlen in der Hundertertafel.

4 Berechne die Summe aller Zahlen von 1 bis 200.

5 Justus möchte sich ein Fahrrad kaufen. Er macht seinen Eltern einen Vorschlag.

Ich decke 15 Tage lang jeden Tag den Tisch für das Abendessen.
Dafür bekomme ich am ersten Tag einen Cent, am zweiten Tag zwei Cent und dann jeden Tag doppelt so viele Cent wie am Vortag. Einverstanden?

Seine Mutter schmunzelt und sagt:
Du bist ein Rechenkünstler!

 a) Was meinst du? Gehen die Eltern auf den Vorschlag ein?

b) Wie viel Cent hat Justus nach 15 Tagen?
Wie viel Euro sind das?
Überlege, wie du vorgehst.

c) Wie viel Geld hat Justus nach 20 Tagen?

$1 + 2 + 4 + 8 + 1\ 6\dots$

1. Tag:	1 ct
2. Tag:	
3. Tag:	

6 Nach wie vielen Tagen wäre Justus Millionär?

 7 Ein guter Handel?
Fredo kauft von Fips ein gebrauchtes Fahrrad für 20 Euro.
Er verkauft es weiter an Frida für 30 Euro.
Einige Zeit später kauft er das Fahrrad von Frida für 40 Euro zurück.
Drei Tage später verkauft er das Fahrrad dann doch wieder für 50 Euro.
Wie viel Geld hat Fredo insgesamt gewonnen oder verloren?

a) Rechne und notiere deinen Lösungsweg.

 b) Vergleicht eure Lösungswege und erklärt sie euch.

 c) Stellt eure Lösungen und Lösungswege in der Klasse vor.

 Denke dir selbst eine Rechengeschichte wie bei Aufgabe 7 aus.

Körpernetze

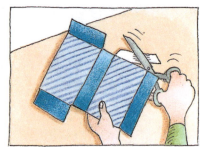

Jette schneidet eine Schachtel an den Kanten so auseinander, dass eine zusammenhängende Fläche entsteht.

Die Laschen schneidet sie ab.

Nun ist ein Quadernetz entstanden.

1 Zerschneidet verschiedene Schachteln so, dass Quadernetze entstehen. Vergleicht eure Netze miteinander.

2 Sind diese Figuren auch alle Quadernetze?

 a) Falte zuerst im Kopf.

b) Übertrage die Figuren auf Karopapier.
Schneide sie aus und überprüfe durch Falten.

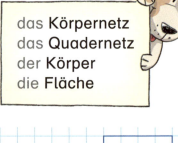

das **Körpernetz**
das **Quadernetz**
der **Körper**
die **Fläche**

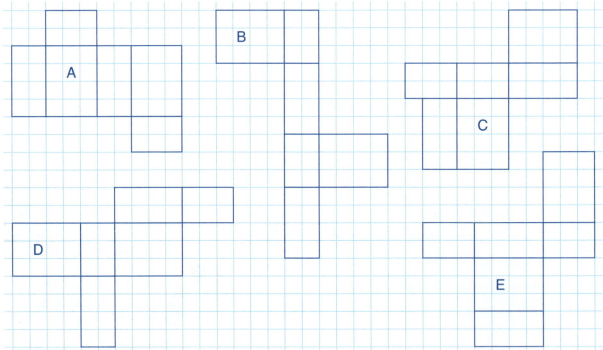

3 Übertrage auf Karopapier und ergänze die Figuren jeweils zu einem Quadernetz.
Es gibt verschiedene Möglichkeiten.

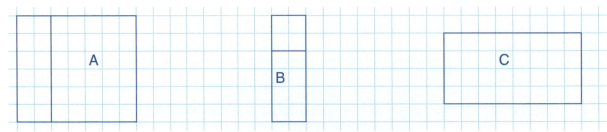

4 Warum sind das keine Quadernetze? Begründe.

A B C

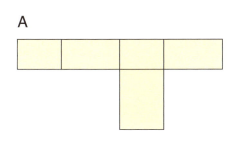 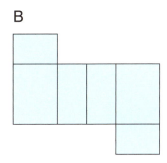 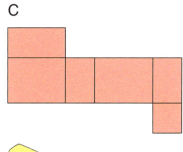

5 Baue eine Schachtel.
Zeichne zuerst ein Quadernetz.
Überlege dir, wie viele Laschen du brauchst.
Schneide das Netz aus und falte es zusammen.

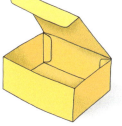

6 Netze von verschiedenen Körpern. Ordne richtig zu.
Schreibe den richtigen Namen zu jedem Körper.

A: Kegel → Netz Nr. 6

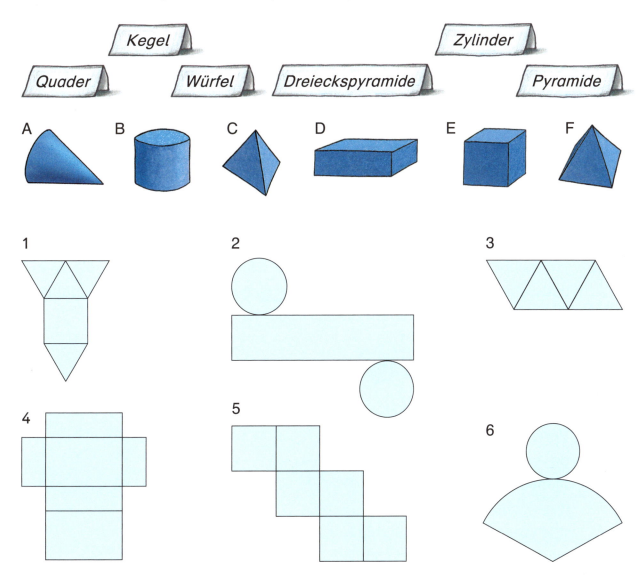

109

Im Schwimmbad

1 Jette geht im Sommer oft ins Schwimmbad.
Ein Bad in ihrer Nähe ist Hallenbad und Freibad zugleich.
Jette überlegt, für welche Eintrittskarte sie sich entscheiden soll.

... wenn das Freibad geschlossen hat, ungefähr zweimal im Monat ...

... im Sommer ungefähr zweimal in der Woche ...

Eintrittspreise

Erwachsene	3,50 €
Kinder*	2,50 €
10er-Karte Erwachsene	28,00 €
10er-Karte Kinder*	18,00 €
Saisonkarte Erwachsene	56,00 €
Saisonkarte Kinder*	36,00 €
Jahreskarte Erwachsene	210,00 €
Jahreskarte Kinder*	150,00 €

* Kinder von 3–14 Jahren und Schüler/ Studenten/Schwerbehinderte mit Ausweis

Eine Saisonkarte gilt den ganzen Sommer. Alle Jahreskarten gelten ein Jahr und somit auch für das Hallenbad.

Freibad geöffnet vom 1. Mai bis 30. September

2 Im Freibad gibt es seit der Badesaison 2015 eine neue Rutsche, die 73 m lang ist.
Jette überlegt: Wie viele Kinder könnten sich hintereinanderlegen, damit eine Rutsche von oben bis unten „belegt" ist?

3 Vor Jette stehen 28 Kinder an der Rutsche an.
Immer nach 15 Sekunden darf das nächste Kind rutschen.
Wie lange muss Jette ungefähr warten, bis sie rutschen kann?

4

Das Schwimmbad ist der ideale Ort für eine Geburtstagsfeier

Ob mit oder ohne Programm – es lohnt sich auf jeden Fall, einen Platz im Schwimmbad zu reservieren.
Der Kindergeburtstag ist ein einmaliges Erlebnis für alle Geburtstagskinder von 4 bis 15 Jahren (und einer Gruppe ab 5 Kindern).

Wenn Sie es wünschen, bietet ein Animationsteam verschiedene Spiele an. Außerdem warten viele Überraschungen auf die Gäste.
Sie können Essen und Getränke bei uns kaufen oder selbst mitbringen.

Jette möchte ihren Geburtstag im Schwimmbad feiern.

Zusammen mit ihren Eltern überlegt sie:

Nicht mehr als 100 €!

Eintritt?

Wie viele Kinder? Mit Mama?

Animation?

Essen?

Sie besorgen sich Informationen.

Eintritt

Erwachsene	3,50 €
Kinder	2,50 €
10er-Karte Kinder	18,00 €

Speisekarte

Flipper (Würstchen mit Pommes)	4,50 €
Moby Dick (Chicken Nuggets mit Pommes)	5,50 €
Nemo (Vanilleeis mit bunten Streuseln)	3,50 €

Animation

Dauer 45 Minuten	35,00 €

Angebot

- gedeckter Tisch
- Geburtstagskind und eine Begleitperson sind frei
- alle anderen zahlen den regulären Eintrittspreis
- ein kleines Geschenk 20,00 €

Getränke

Wasser 0,2 l	1,80 €
Saft 0,2 l (Apfel, Orange)	2,10 €
Cola, Limo 0,25 l	2,50 €

Essen mitbringen

1 Kuchen	ca. 5 €
10 Frikadellen	ca. 6 €
10 Schnitzel	ca. 10 €
Kartoffelsalat	ca. 6 €
Nudelsalat	ca. 6 €
1 Baguette	ca. 2 €
Süßigkeiten?	
Chips?	

Getränke mitbringen

Flasche Wasser	0,50 €
Flasche Saft	1,19 €
Flasche Cola, Limo	1,29 €

Essen mitbringen macht Arbeit, spart aber Geld!

Welches Essen?

Wie würdet ihr euch an Jettes Stelle entscheiden?
Stellt eure Ergebnisse auf einem Plakat dar.

Dieses Bild zeigt einen Blick in den Weltraum:

Sonne · Merkur · Venus · Erde · Mars · Jupiter · Saturn · Uranus · Neptun

Unsere Planeten in Zahlen:

	Merkur	Venus	Erde	Mars	Jupiter	Saturn	Uranus	Neptun
Durchmesser in km	4 879	12 104	12 756	6 794	142 980	120 536	51 118	49 528
Temperatur °C	von − 180 bis + 430	460	von − 88 bis + 58	von − 125 bis + 24	− 111	− 178	− 216	− 214
Anzahl der Monde	0	0	1	2	63	56	27	13
Entfernung zur Sonne in Mill. km	58	108	150	228	778	1 426	2 871	4 498
Drehung um die eigene Achse	59 Tage	243 Tage	23 h 56 min	24 h 37 min	9 h 55 min	10 h 39 min	17 h 14 min	16 h 7 min
Umlaufzeit um die Sonne in Tagen	88	225	365	687	4 328	10 753	30 667	60 152

 1 Schau dir die Tabelle an. Welche Informationen findest du interessant?

Jupiter hat 63 Monde.

2 Welche Aussagen sind falsch? Schreibe sie richtig in dein Heft.

a) Vier Planeten haben keine Monde.

b) Auf Uranus und Neptun ist es am kältesten.

c) Neptun braucht dreimal so lange für einen Umlauf um die Sonne wie Uranus.

d) Zwei Planeten brauchen länger als einen Tag für eine Drehung um die eigene Achse.

e) Der Planet mit dem größten Durchmesser braucht die längste Zeit für eine Drehung um die eigene Achse.

3 Stellt die Entfernungen der Planeten
zur Sonne auf dem Schulhof
an einer Linie dar.

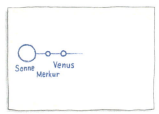

1 Million km in der Wirklichkeit entsprechen 1 cm im Modell.

Notiere zuerst die Entfernungen in einer Tabelle.

Sonne	Planet	Entfernung in Wirklichkeit	Entfernung im Modell
Sonne	Merkur	58 Millionen km	58 cm
Sonne	Venus	108 Millionen km	108 cm
Sonne			

4 Trage die Durchmesser der Planeten in ein Diagramm ein. Runde auf Tausender.

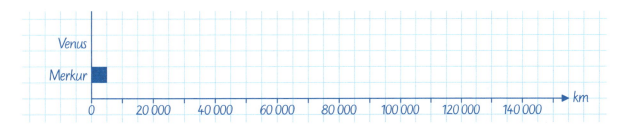

5 Mithilfe von Styroporkugeln kann man ein Planetenmodell
selbst herstellen. Für den Merkur könnte man eine Kugel
mit etwa 5 mm Durchmesser verwenden. Welchen
Durchmesser müssten dann die Kugeln der anderen
Planeten haben?

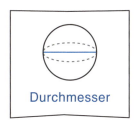

Durchmesser

1 000 km in der Wirklichkeit entsprechen 1 mm im Modell.

6 Wenn der Mars der Erde auf seiner Umlaufbahn nahe
kommt, ist er ungefähr 56 Millionen km entfernt.
Wenn du mit einem Auto dorthin fahren könntest,
wie lange wärst du unterwegs? Das Auto fährt mit
einer Geschwindigkeit von 100 km in der Stunde.

Und mit einer Rakete?

Hier siehst du Burg Wildenstein. Sie befindet sich im Landkreis Sigmaringen in Baden-Württemberg. Sie wurde im 13. Jahrhundert erbaut und ist eine der besterhaltenen Burganlagen Deutschlands. Heute wird sie als Jugendherberge genutzt.

Luftaufnahme von Burg Wildenstein

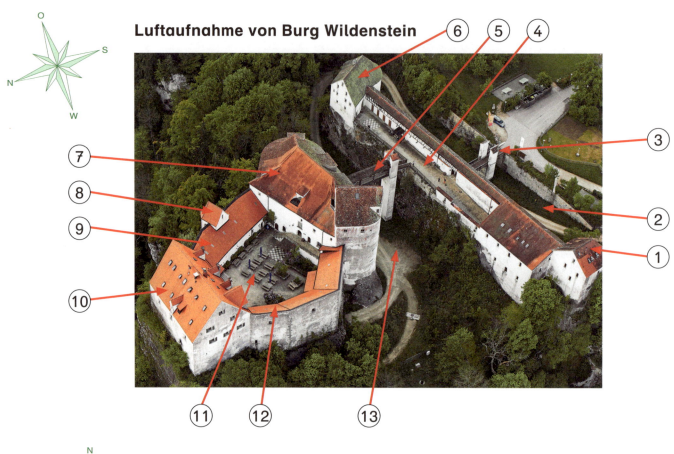

Grundriss von Burg Wildenstein

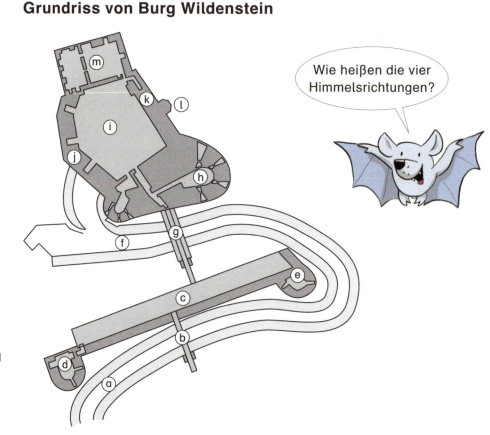

Legende

a) äußerer Burggraben (Halsgraben)
b) Eingangstor
c) Wehrgang
d) Westturm
e) Ostturm
f) innerer Burggraben (Abschnittsgraben)
g) Brücke
h) Hauptbastion
i) Burghof
j) westlicher Wehrgang
k) östlicher Wehrgang
l) Burgkapelle
m) Wohnbau

Wie heißen die vier Himmelsrichtungen?

1 Lies den Informationstext. Suche die Teile der Burg auf dem Grundriss von Burg Wildenstein, die im Text fettgedruckt sind.

Die Burg Wildenstein liegt hoch über dem Donautal auf einem Felsvorsprung. Diese Spornburg zeigt noch heute, insbesondere in der Außenanlage, fast unverändert ihren Zustand von 1554. Die Burganlage betritt man durch den **Wehrgang** der Vorburg. Vorburg und Hauptburg sind nur über Brücken zugänglich, die über einen **Halsgraben** und **Abschnittsgraben** führen. Der Abschnittsgraben ist bis zu 16 m tief. Die **Brücke** zur Hauptburg ruht auf einem hochgemauerten Pfeiler und ist für Menschen mit Höhenangst ein Hindernis. Hinter der **Hauptbastion**, begrenzt von einem **östlichen** und **westlichen** **Wehrgang**, befindet sich der **Burghof**. Am östlichen Wehrgang hebt sich die **Burgkapelle** ab. Den Abschluss der Burg bildet ein zweistöckiger **Wohnbau**. Die Burg Wildenstein dient seit dem Verkauf durch Prinzessin Theresa zu Fürstenberg im Jahr 1971 als Jugendherberge.

2 Betrachte die Luftaufnahme und den Grundriss der Burg. Ordne den Zahlen die Bezeichnungen der Burgteile zu (siehe Legende).

 1: *Westturm*

2:

 3 Die Burg Wildenstein wurde von vier Stellen aus fotografiert. Von welcher Stelle aus könnten diese Fotos entstanden sein? Beschreibe und zeige die Stellen im Grundriss.

1

2

3

4

Wandern im Naturpark Obere Donau

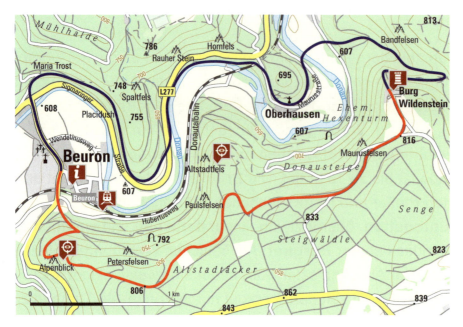

Das ist eine topografische Karte. Auf ihr ist das Gelände durch Höhenlinien dargestellt.

Legende

[i] Information

[🚆] Bahnhof

[⊙] Ausblick

[▯] Burg

Maßstab 1 : 25 000

 1 Die Klasse 4b macht eine Wanderung. Sie startet bei der Burg Wildenstein und folgt dem blauen Wanderweg bergab. Im Tal überquert sie die Donau und wandert diese entlang bis nach Beuron zur Information. Von dort macht sich die Klasse wieder auf den Rückweg. Sie geht den roten Weg über die Eisenbahnbrücke bergauf zum Alpenblick und zurück zu Burg Wildenstein. Ihr Weg führt sie an drei Felsen vorbei.

a) Verfolgt den Weg der Klasse 4b auf der Wanderkarte. Wie heißen die drei Felsen, an denen die Klasse auf dem Rückweg vorbeikommt?

b) Findet heraus, wie lang der Wanderweg ist. Legt mit einem Faden den Weg nach und messt die Länge des Fadens. Zur Berechnung der Strecke hilft euch der Maßstab.

> Maßstab **1 : 25 000** bedeutet:
> **1** cm auf der Karte entspricht **25 000** cm (250 m) in Wirklichkeit.

2 a) Die Klasse 4b braucht für 1 km ungefähr 20 Minuten. Wie lange dauert die Wanderung ohne Pausen?

b) Die Kinder starten um 10 Uhr auf der Burg Wildenstein, machen an der Donau 1 Stunde und auf dem Alpenblick 30 Minuten Pause. In Beuron besuchen sie das Naturschutzzentrum und halten sich dort 90 Minuten auf. Wann kommt die Klasse wieder auf Burg Wildenstein an?

Sigmaringen, die Hohenzollernstadt im Donautal

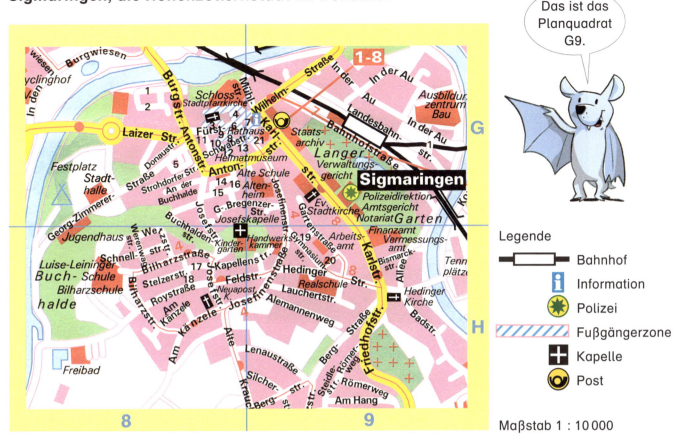

Das ist das Planquadrat G9.

Legende

- Bahnhof
- **i** Information
- ✳ Polizei
- ⬚ Fußgängerzone
- ✚ Kapelle
- Post

Maßstab 1 : 10 000

1 Die Klasse 4b fährt mit dem Zug nach Sigmaringen. Auf dem Stadtplan verschaffen sich die Schüler einen Überblick. In welchem Planquadrat findest du: Bahnhof, Information, Freibad, Schloss, Stadthalle, Post, Polizei?

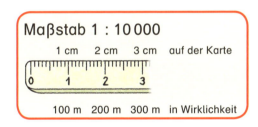

Maßstab 1 : 10 000

1 cm   2 cm   3 cm   auf der Karte

100 m   200 m   300 m   in Wirklichkeit

2 a) Die Kinder kommen am Bahnhof an und besichtigen zuerst das Schloss. Welche Straßen gehen sie entlang?

b) Nach einer Schlossbesichtigung machen sich die Kinder auf den Weg zum Freibad. Sie starten bei der Information. Welche Wege könnten sie gehen?

c) Stellt euch gegenseitig Suchaufgaben.

Wie kommst du von der Realschule zum Freibad?

3 Ermittle mithilfe des Stadtplans die ungefähre Entfernung (Luftlinie):

Was bedeutet Luftlinie?

a) Freibad – Stadthalle   b) Schloss – Realschule

c) Bahnhof – Bilharzschule   d) Freibad – Polizei

e) Suche selbst Orte, Straßen, Sehenswürdigkeiten und ermittle die ungefähren Entfernungen (Luftlinie).

Victor Vasarely: BI-DIM

1 Mit diesen Würfelplättchen kannst du Schrägbilder von Würfelgebäuden legen. Probiere aus.

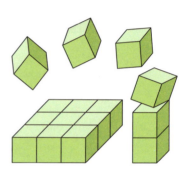

2 Baue die Gebäude mit Würfeln nach und lege das Schrägbild mit Würfelplättchen.

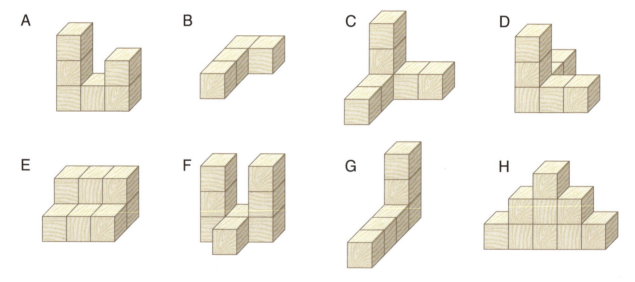

A   B   C   D

E   F   G   H

3 Jette sagt: „ Ich habe zum Bauen von Gebäude E neun Würfel gebraucht und zum Legen des Schrägbildes neun Würfelplättchen."
Justus sagt: „Ich habe zum Bauen von Gebäude E auch neun Würfel gebraucht, zum Legen des Schrägbildes aber nur sieben Würfelplättchen."
Erkläre.

4 Kippe die Gebäude A, D und H von Aufgabe 2 in Gedanken nach vorn. Baue die neuen Gebäude nach und lege die Schrägbilder mit Würfelplättchen.

5 Baue eigene Würfelgebäude und lege das Schrägbild mit Würfelplättchen.

Vom Würfel zum Schrägbild:

6 Wie geht es weiter?
Zeichne das Schrägbild auf einem Punkteraster fertig.

7 Lege die Figuren mit Würfelplättchen nach.
Zeichne die Schrägbilder.
Färbe die Würfel unterschiedlich.

das Schrägbild
das Würfelgebäude
die Ansicht

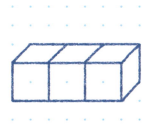 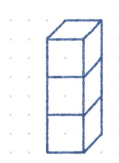 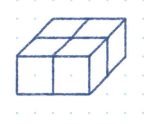

8 Wähle mindestens vier Würfelgebäude von Aufgabe 2 aus und zeichne jeweils das passende Schrägbild in ein Punkteraster.

9 Zeichne den Würfel aus dem Bild „BI-DIM"
als Schrägbild und färbe die einzelnen Würfel.

10 a) Welcher Würfel auf diesem Bild ist aus
der gleichen Perspektive gezeichnet
wie der Würfel von Aufgabe 6?

b) Zeichne die anderen drei Würfel
wie im Bild von Victor Vasarely.

Zeichne eigene Würfelkunstwerke.

Victor Vasarely: LAPIDAIRE-2

 1 Welche drei Buchstaben würdest du bei dem Ratespiel „Buchstabenvogel"
zuerst nennen, welche drei Buchstaben auf gar keinen Fall? Begründe.

2 Untersucht: Welche Buchstaben kommen häufig vor, welche selten?

 a) Untersucht diesen Zeitungsartikel. Teilt die Buchstaben
unter euch auf und zählt, wie oft sie in dem Text vorkommen.
Tragt eure Zähl-Ergebnisse in einer Tabelle ein.

> ## Norbert ist schon wieder weg
>
> Der Osnabrücker Zoo vermisst seinen sechs Jahre alten Nasenbären
> Norbert. Innerhalb weniger Monate ist er nun bereits zum zweiten Mal aus
> seinem Gehege ausgebüxt, obwohl der Zoo versucht hatte, das Gehege
> ausbruchsicher zu machen.
> Nasenbären können sehr gut klettern. Norbert ist offensichtlich ein
> Kletterprofi. Vor einigen Tagen wurde er im benachbarten Wald auf einem
> Baum gesichtet. Ein Einfangversuch wurde unternommen, schlug aber fehl.
> Seitdem fehlt von Norbert jede Spur.

b) Stelle anschließend die Daten in einem Säulendiagramm dar.
Wähle immer fünf Buchstaben für ein Kästchen.

c) Schreibe auf, was du aus dem Diagramm ablesen kannst:
Der Buchstabe … kommt … vor.

am häufigsten   *am seltensten*   *häufig*   *selten*

häufiger als   *seltener als*   *gar nicht*

3 Wie kannst du die Erkenntnisse von Aufgabe 2 für das Spiel „Buchstabenvogel"
nutzen? Denke dir Wörter aus, die schwer zu erraten sind.

Kommen die einzelnen Buchstaben in verschiedenen Sprachen gleich häufig vor?

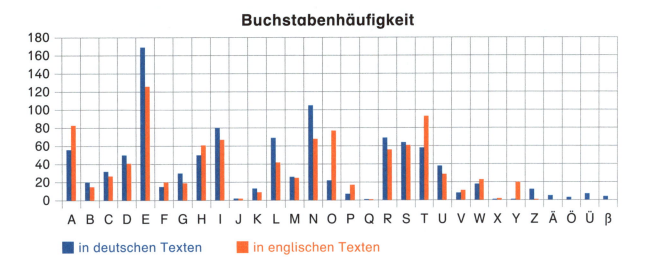

Buchstabenhäufigkeit

■ in deutschen Texten   ■ in englischen Texten

> **Wichtige Information:**
> Es gibt Computerprogramme, die die Buchstaben in Texten in Sekundenschnelle auszählen können.
> Für dieses Diagramm wurden ungefähr 7 000 Texte mit je 1 000 Buchstaben ausgezählt!

 4 Das Diagramm zeigt dir die Buchstabenverteilung in Texten mit 1000 Buchstaben in der deutschen und in der englischen Sprache. Was stellst du fest? Erzähle.

5 Beantworte die Fragen mithilfe des Diagramms.

a) Welche Buchstaben kommen in der englischen Sprache **häufiger** vor als in der deutschen Sprache?

b) Welche Buchstaben kommen in der englischen Sprache **überhaupt nicht** vor?

c) Welche Buchstaben kommen in der englischen Sprache **mehr als doppelt so häufig** vor wie in der deutschen Sprache?

d) Welche Buchstaben kommen in beiden Sprachen **fast gleich häufig** vor?

e) Welcher Buchstabe kommt in beiden Sprachen **am häufigsten** vor?

f) Welches ist der **dritthäufigste** Buchstabe in der englischen Sprache? An der wievielten Stelle steht er in der deutschen Sprache?

g) Welcher Buchstabe kommt in deutschen Texten mit 1000 Buchstaben 80-mal vor? Welcher Buchstabe kommt in englischen Texten 20-mal vor?

 Suche englische Wörter mit dem Buchstaben „Y".
Suche deutsche Wörter mit dem Buchstaben „Y".

Teilbarkeitsregeln erforschen

7 624 : 9	3 625 : 5	4 622 : 4	5 636 : 10
1 728 : 5	7 416 : 2	5 292 : 9	2 640 : 10
1 230 : 5	7 489 : 2	5 636 : 4	3 623 : 5

1 a) Vermutet: Bei welchen Aufgaben
an der Tafel bleibt ein Rest?
Bei welchen Aufgaben bleibt kein Rest?

b) Überprüft: Stimmen eure Vermutungen?
Sprecht vorher ab, wer welche Aufgaben
ausrechnet.

Unsere Vermutungen:

Rest	kein Rest
	2 6 4 0 : 1 0

2 Bilde mit diesen Ziffernkarten fünfstellige Zahlen und teile sie …

a) … durch 5.   b) … durch 2.

Es soll **kein Rest** bleiben! Worauf musst du achten?

`0` `3` `5` `4` `8`

3 Ergänze die Regeln.

Eine Zahl ist immer dann ohne Rest durch 5 teilbar, wenn an der Einerstelle …

Eine Zahl ist immer dann ohne Rest durch 2 teilbar, wenn …

4 Welche Ziffern kannst du an die Einerstelle setzen, damit das Ergebnis …

`783` `:5`   a) … den Rest 3 hat?   b) … den Rest 1 hat?   c) … den Rest 4 hat?

Überprüfe deine Lösung. Rechne und kontrolliere mit der Probe.

5 **Woran kann man erkennen, ob eine Zahl ohne Rest durch 4 teilbar ist?**
Wenn du die folgenden Aufgaben rechnest, kannst du es herausfinden.
Achte immer auf die Aufgaben, die du schon ausgerechnet hast.

a) Rechne und setze fort.
Was stellst du fest?

b) Untersuche auch die
folgenden Aufgaben.

Lassen sich alle
Vielfachen von 100 ohne
Rest durch 4 teilen?

100 : 4	100 : 4	1 100 : 4
200 : 4	1 000 : 4	1 500 : 4
300 : 4	10 000 : 4	5 100 : 4
400 : 4	100 000 : 4	6 200 : 4

6 a) In jedem Päckchen sind immer nur zwei Aufgaben ohne Rest durch 4 teilbar. Welche könnten es sein? Überprüfe deine Vermutung, indem du die Aufgaben ausrechnest.

12 220 : 4	25 251 : 4	62 224 : 4	11 116 : 4
12 227 : 4	25 252 : 4	62 234 : 4	12 132 : 4
12 248 : 4	25 573 : 4	62 538 : 4	23 646 : 4
12 251 : 4	25 576 : 4	62 588 : 4	98 954 : 4

b) Kannst du jetzt die Regel vervollständigen?

Eine Zahl ist immer dann ohne Rest durch 4 teilbar, wenn …

7 Jakob ist in einem Schaltjahr geboren. In welchen Jahren kann Jakob seinen Geburtstag wirklich immer am 29. Februar feiern? Schreibe zehn Jahreszahlen auf.

Name:	Jakob Leo
Geburtstag:	29.02.2012
Geburtsort:	Meerbusch
Gewicht:	3 510 g
Größe:	52 cm

Die Jahreszahlen der Schaltjahre lassen sich ohne Rest durch 4 teilen.

8 a) Stimmt Jettes Behauptung? Überprüft.

Alle Zahlen, die ich mit neun Plättchen an der Stellenwerttafel legen kann, sind ohne Rest durch 9 teilbar.

ZT	T	H	Z	E
•	•	•	•	•
•		•	•	•
			•	

21 231 : 9 =

b) Legt Zahlen mit unterschiedlichen Quersummen. Welche lassen sich ohne Rest durch 9 teilen?

Die Anzahl der Plättchen gibt die **Quersumme** einer Zahl an.

Zahl	Quersumme (Anzahl der Plättchen)	: 9
1 2 4 5	1 + 2 + 4 + 5 = 1 2	1 3 8 R 3

c) Die Zahl 79 686 hat die Quersumme 36. Überlegt: Wieso lässt sich diese Zahl ohne Rest durch 9 teilen?

9 Findet die Teilbarkeitsregel für die Division durch die Zahl 3. Ihr könnt ähnlich arbeiten wie bei Aufgabe 8.

Zahlenforscher

Vielleicht sind die 3 und die 6 miteinander verwandt?

Mathematiker erforschen Zahlen. Manche Zahlen sind miteinander verwandt. Zahlen haben auch verschiedene Eigenschaften.

1 Erforsche Zahlen wie die Mathematiker.

a) Überlege: Welche Zahlen könnten zusammengehören?
Warum gehören diese Zahlen zusammen? Was haben sie gemeinsam?

b) Stelle deine Ideen und Überlegungen einem Partner vor.

c) Sprecht in der Klasse darüber.

2 a) Es gibt auch arme und reiche Zahlen. Erkläre.

Eine Zahl ist arm, wenn die Summe ihrer echten Teiler kleiner ist als die Zahl selbst.

Man kann einer Zahl nicht sofort ansehen, ob sie arm oder reich ist. Man muss sie genau untersuchen.

Eine Zahl ist reich, wenn die Summe ihrer echten Teiler größer ist als die Zahl selbst.

Pythagoras war der erste Zahlenforscher. Er lebte 600 v. Chr. in Griechenland.

Beispiel: 27
Teiler: 1, 3, 9, 27

Summe der echten Teiler:
$1 + 3 + 9 = 13$
Die Zahl 27 ist arm,
weil 13 kleiner als 27 ist.

Beispiel: 36
Teiler: 1, 2, 3, 4, 6, 9, 12, 18, 36

Summe der echten Teiler:
$1 + 2 + 3 + 4 + 6 + 9 + 12 + 18 = 55$
Die Zahl 36 ist reich, weil 55 größer als 36 ist.

Echte Teiler einer Zahl sind alle Teiler der Zahl außer der Zahl selbst.

b) Untersuche die Zahlen 16, 18, 25, 40. Sind sie arm oder reich?

3 Probiere: Wähle Zahlen aus, die kleiner als 100 sind und untersuche sie.
Welche Zahlen sind reich? Welche Zahlen sind arm?

Wählt aus: Bearbeitet entweder Aufgabe **4** oder Aufgabe **5**.

4 Findet alle reichen Zahlen von 1 bis 60. Überlegt vorher, welche Zahlen reich sein könnten und wer welche Zahlen untersucht.
Teilt die Arbeit untereinander auf.

Es gibt 12 reiche Zahlen bis 60.

5 Findet alle reichen Zahlen von 60 bis 100. Überlegt vorher, welche Zahlen reich sein könnten und wer welche Zahlen untersucht.
Teilt die Arbeit untereinander auf.

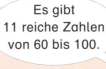

Es gibt 11 reiche Zahlen von 60 bis 100.

6 Es gibt auch **vollkommene Zahlen**. Vollkommene Zahlen sind ganz besondere Zahlen. Sie sind sehr selten und nur schwer zu finden. Bisher wurden unter allen Zahlen nur 30 vollkommene Zahlen entdeckt.

Eine Zahl heißt **vollkommen**, wenn die Summe der echten Teiler genau gleich der Zahl selbst ist.

Die beiden kleinsten vollkommenen Zahlen sind kleiner als 30. Findest du sie?

7 Auch **Primzahlen** sind besondere Zahlen. Sie haben genau zwei Teiler: die Zahl 1 **und** sich selbst.

Das lateinische Wort **primus** bedeutet **Erster**.

a) Warum ist die Zahl 1 keine Primzahl? Begründe.

Die kleinste Primzahl ist die 2.

b) Suche Primzahlen auf der Hundertertafel. Kreise sie ein.

c) Vergleiche deine eingekreisten Zahlen mit einem Partner.

d) Vergleicht eure eingekreisten Zahlen in der Klasse. Wie viele sind es?

Testament

In meinem Keller befinden sich 15 Weinfässer. 5 davon sind voll, 5 halb voll und 5 leer.
Meine drei Söhne mögen gerecht teilen. Jeder soll gleich viel Wein und gleich viele Fässer erhalten.

Graf von Mira

Das Testament

Natürlich darf der Wein nicht umgegossen werden, da sich sonst die Qualität des lange gelagerten Weines verschlechtern würde.

Wie haben die drei Söhne ihr Erbe gerecht geteilt?

Das Erbe des Beduinen

Ein Beduine hinterließ seinen vier Töchtern ein Stück fruchtbares Land mit einem Ziehbrunnen. Die vier Töchter sollten das Land so aufteilen, dass jede Zugang zum Brunnen hat und ihre vier Felder dieselbe Größe und Form haben.

Die jüngste Tochter fand eine Lösung. Wie sah diese aus?

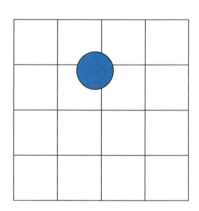

Vier Söhne und ein Emirat

Ein Scheich hinterließ seinen vier Söhnen ein ovales Stück Land. Sie sollten es so aufteilen, dass jeder Teil an die Teile der drei anderen angrenzt. Dabei sollte das nicht nur in einem Punkt sein, sondern in einer Grenzlinie.

Wie haben die Söhne das Land aufgeteilt?

Ein langes Band

Pia schneidet ein langes Band in der Mitte durch.
Die eine Hälfte schenkt sie ihrer Freundin.
Vom Rest schneidet die ein Drittel ab.
So erhält sie zwei unterschiedlich lange Bänder,
wovon das längere 3 m lang ist.

Wie lang war Pias Band vor dem Zerschneiden?

Im Gleichgewicht

Wie schwer ist die große Kugel?

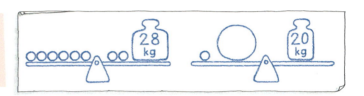

Linealwippe

Timo baut eine Linealwippe.
Zweimal bringt er die Wippe mit
Buntstiften, Radiergummis und
Klebestift ins Gleichgewicht.

Wie viele Buntstifte muss er beim
dritten Versuch auf die linke Seite
legen, wenn er rechts nur den
Klebestift hinstellt?

Geburtstage

Ollis Schwester feierte vor zwei Jahren
ihren 15. Geburtstag. Damals waren die
Hunde Lumpi und Strolchi zusammen
ebenfalls 15 Jahre alt. Jetzt ist Lumpi 13.

In wie vielen Jahren wird Strolchi 9 Jahre
alt sein?

Kann das stimmen?

Ja, das kann stimmen, weil …

Nein, das kann nicht stimmen, weil …

Wähle mit einem Partner jeweils zwei Aufgaben aus. Überlegt gemeinsam.

Unterrichtszeit

1 In diesem Schuljahr hattest du in einer Woche mehr als 1 000 Minuten Unterricht.

2 Im letzten Schuljahr hattest du insgesamt weniger als 100 000 Minuten Unterricht.

3 Während deiner gesamten Grundschulzeit hattest du weniger als 2 000 Schulstunden.

Hefte

4 In einem karierten DIN-A5-Heft sind auf einer Seite weniger als 200 Kästchen.

5 In einem karierten DIN-A4-Heft sind auf einer Seite weniger als 500 Kästchen.

6 In einem karierten DIN-A4-Heft sind insgesamt mehr als 50 000 Kästchen.

Tinte

7 In einem Monat verbrauchst du mehr als 10 ml Tinte.

8 Die Tinte, die alle Schüler deiner Klasse in einem Monat verbrauchen, passt in eine $\frac{1}{2}$-Liter-Flasche.

9 Die Tinte, die du während deiner gesamten Grundschulzeit verbraucht hast, füllt keinen 5-Liter-Eimer.

Schulweg

10 In einem Monat legst du mehr als 20 km Schulweg zurück.

11 Im letzten Schuljahr hast du weniger als 100 km Schulweg zurückgelegt.

12 Während deiner gesamten Grundschulzeit hast du mehr als 500 km Schulweg zurückgelegt.

Gemeinsam sind wir schwer!

13 Alle Kinder deiner Klasse wiegen zusammen mehr als 1 t.

14 Alle Kinder deiner Grundschule wiegen zusammen mehr als 10 t.

15 Alle Kinder und Lehrer deiner Grundschule wiegen zusammen weniger als 12 t.

Kinderschlange

16 Wenn sich zehn Kinder deiner Klasse aneinanderlegen würden, wäre die Schlange länger als der Gang eures Schulhauses.

17 Wenn sich alle Kinder deiner Klasse aneinanderlegen würden, wäre die Schlange länger als ein Fußballfeld.

18 Wenn sich alle Kinder deiner Schule aneinanderlegen würden, wäre die Schlange länger als eine Laufbahn um einen Sportplatz.

Zahlen

vierhundertachtundfünfzig**tausend** einhundertneunundsechzig

M	HT	ZT	T	H	Z	E
	4	5	8	1	6	9

4 5 8 1 6 9

$400\,000 + 50\,000 + 8\,000 + 100 + 60 + 9 = 458\,169$

Rundungsregeln

Ist die Ziffer an der ersten wegfallenden Stelle eine 0, 1, 2, 3 oder 4, dann wird abgerundet.
Ist die Ziffer an der ersten wegfallenden Stelle eine 5, 6, 7, 8 oder 9, dann wird aufgerundet.
Rundest du …
• auf Zehner, so schaust du dir die Einerstelle an: 576 824 ≈ 576 820
• auf Hunderter, so schaust du dir die Zehnerstelle an: 576 824 ≈ 576 800
• auf Tausender, so schaust du dir die Hunderterstelle an: 576 824 ≈ 577 000
• auf Zehntausender, so schaust du dir die Eintausenderstelle an: 576 824 ≈ 580 000
• auf Hunderttausender, so schaust du dir die Zehntausenderstelle an: 576 824 ≈ 600 000

Grundrechenarten

Addition addieren	Subtraktion subtrahieren	Multiplikation multiplizieren	Division dividieren
7 500 + 350 = 7 850	7 500 − 350 = 7 150	300 · 6 = 1 800	1 800 : 6 = 300
Summe	**Differenz**	**Produkt**	**Quotient**

Schriftliche Rechenverfahren

Schriftliche Addition

```
   4 7 3 2 1
 +   5 2 8 9
   1   1 1
   5 2 6 1 0
```

Schriftliche Multiplikation

```
 6 5 4 9 · 2 4
 1 3 0 9 8 0
   2 6 1 9 6
         1 1
 1 5 7 1 7 6
```

Schriftliche Division

```
 8 3 6 7 : 3 = 2 7 8 9
 6
 2 3            Probe:
 2 1            2 7 8 9 · 3
   2 6              8 3 6 7
   2 4
     2 7
     2 7
       0
```

Schriftliche Subtraktion

```
       2 1 10
   4 7 3 2 1
 -   5 2 8 9
   4 2 0 3 2
```

```
   4 7 3 2 1
 -   5 2 8 9
     1 1
   4 2 0 3 2
```

abziehen   oder   ergänzen

Teilbarkeitsregeln

Eine Zahl ist …

- durch 2 teilbar, wenn an ihrer Einerstelle eine 0, 2, 4, 6 oder 8 steht.
- durch 3 teilbar, wenn ihre Quersumme (Summe der Ziffern) durch 3 teilbar ist.
- durch 4 teilbar, wenn die Zahl aus den letzten beiden Ziffern durch 4 teilbar ist.
- durch 5 teilbar, wenn an ihrer Einerstelle eine 0 oder 5 steht.
- durch 6 teilbar, wenn sie durch 3 und durch 2 teilbar ist.
- durch 9 teilbar, wenn ihre Quersumme durch 9 teilbar ist.
- durch 10 teilbar, wenn an ihrer Einerstelle eine 0 steht.

Geometrie

Flächeninhalt und Umfang

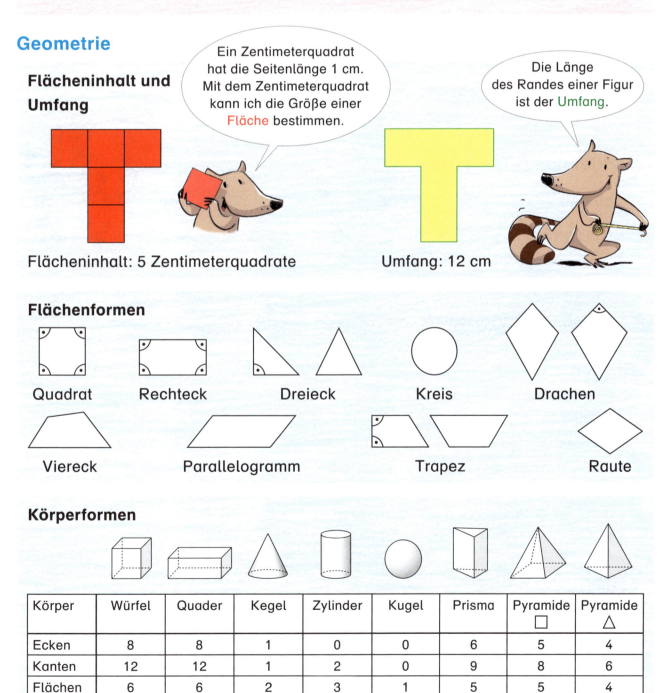

Ein Zentimeterquadrat hat die Seitenlänge 1 cm. Mit dem Zentimeterquadrat kann ich die Größe einer Fläche bestimmen.

Die Länge des Randes einer Figur ist der Umfang.

Flächeninhalt: 5 Zentimeterquadrate

Umfang: 12 cm

Flächenformen

Quadrat   Rechteck   Dreieck   Kreis   Drachen

Viereck   Parallelogramm   Trapez   Raute

Körperformen

Körper	Würfel	Quader	Kegel	Zylinder	Kugel	Prisma	Pyramide □	Pyramide △
Ecken	8	8	1	0	0	6	5	4
Kanten	12	12	1	2	0	9	8	6
Flächen	6	6	2	3	1	5	5	4

Parallel und senkrecht

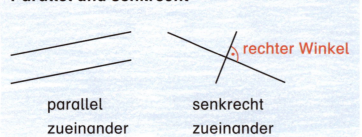

parallel
zueinander

senkrecht
zueinander

Kreise mit dem Zirkel zeichnen

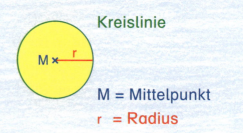

Kreislinie

M = Mittelpunkt
r = Radius

Achsensymmetrie

Die Figur ist achsensymmetrisch:

▶ Die gegenüberliegenden Punkte haben den gleichen Abstand zur Symmetrieachse.
▶ Die beiden Teile sind deckungsgleich.

Verkleinern / Vergrößern

Maßstab

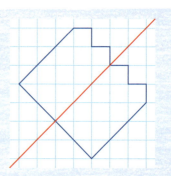

1 : 25 000

Etwas wird verkleinert abgebildet.

1 cm auf der Karte entspricht
25 000 cm (250 m) in der Wirklichkeit.

50 : 1

Etwas wird vergrößert abgebildet.

50 mm im Bild entsprechen 1 mm
in der Wirklichkeit.

Größen

Zeit

Sekunde	s	1 Tag hat 24 Stunden.
Minute	min	1 Woche hat 7 Tage.
Stunde	h	1 Monat hat 31 Tage oder 30 Tage oder 28 (29) Tage.
1 min	= 60 s	1 Jahr hat 12 Monate.
1 h	= 60 min	1 Jahr hat 365 (366) Tage.

Längen

Millimeter	mm	1 cm = 10 mm
Zentimeter	cm	1 m = 100 cm
Meter	m	1 km = 1000 m
Kilometer	km	

4 m 25 cm	2 m 7 cm	6 cm
425 cm	207 cm	6 cm
4,25 m	2,07 m	0,06 m

Gewichte

Gramm	g	1 kg = 1 000 g
Kilogramm	kg	1 t = 1 000 kg
Tonne	t	

6 kg 500 g	6 kg 50 g	6 kg 5 g
6 500 g	6 050 g	6 005 g
6,5 kg	6,05 kg	6,005 kg

Hohlmaße

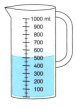
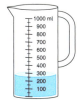
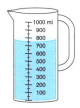
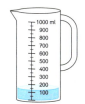

$1\ l = 1 000\ ml$ $\frac{1}{2}\ l = 500\ ml$ $\frac{1}{4}\ l = 250\ ml$ $\frac{3}{4}\ l = 750\ ml$ $\frac{1}{8}\ l = 125\ ml$

Rauminhalt

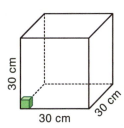

$30 \cdot 30 \cdot 30 = 27 000$
Es passen 27 000
Zentimeterwürfel
hinein.
Das sind 27 Liter.

Brüche

 ein Ganzes $\frac{1}{4}$ ein Viertel

 $\frac{1}{2}$ ein Halbes $\frac{1}{8}$ ein Achtel

Daten und Zufall

Daten erfassen und strukturiert darstellen

A: ЖТ ЖТ ЖТ IIII
B: ЖТ I
C: ЖТ IIII

Strichliste

Buchstabe	Häufigkeit
A	19
B	6
C	9

Tabelle

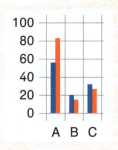

Säulendiagramm

Wahrscheinlichkeiten vergleichen

 Es ist sicher, dass Blau gewinnt.

 Es ist möglich, dass Blau gewinnt.

 Es ist unmöglich, dass Blau gewinnt.

 Die Chance, dass Blau gewinnt, ist groß.

 Die Chance, dass Blau gewinnt, ist klein.

Mathematische Inhaltsübersicht

Mathematische Inhaltsübersicht